Ferdinand Kattenbusch

Kattenbusch, Würdigung des Apostolikums

Ferdinand Kattenbusch

Kattenbusch, Würdigung des Apostolikums

ISBN/EAN: 9783744658379

Hergestellt in Europa, USA, Kanada, Australien, Japan

Cover: Foto ©ninafisch / pixelio.de

Weitere Bücher finden Sie auf **www.hansebooks.com**

Hefte zur „Christlichen Welt" Nr. 2

Zur

Würdigung des Apostolikums

Geschichtliche Skizzen

mit einem Nachwort

von

D. Ferdinand Kattenbusch

Professor in Gießen

Leipzig

Verlag von Fr. Wilh. Grunow

1892

Die nachstehenden Skizzen erschienen in der „Christlichen Welt" im laufenden Jahrgang, Nr. 42 bis 45, unter dem Titel: „Aus der Geschichte des Apostolikums." Sie waren veranlaßt durch den „Fall Schrempf," der sich zu dem sogenannten „Fall Harnack" umgestaltete. Ich will über diese „Fälle" hier nichts weiter sagen. Sie sind, zumal der „Fall Harnack," genugsam in der Presse beredet worden. Was ich sage, möchte überhaupt zur Würdigung des Apostolikums beitragen und auch dann noch Interesse finden, wenn jene „Fälle" als solche vergessen sind.

Mir selbst haben die Resultate meiner Studien über die Geschichte des Apostolikums es wesentlich erleichtert, diese Formel zu schätzen und zu ehren, wozu wir ja von Jugend auf angeleitet oder aufgefordert werden. Ich vermag mich des Apostolikums zu freuen, ohne zu verkennen, daß es in seiner Weise durchaus „Stückwerk" darstellt, wie jeder Versuch, den christlichen Glauben in menschlichen Worten zu bezeugen. Mit meinem Freunde Harnack bin ich in den geschichtlichen Fragen nicht überall gleicher Meinung. Wer seine kleine Schrift „Das apostolische Glaubensbekenntnis" (1892) kennt, wird das bemerken. Ich bin besonders der Meinung, daß er die Grundlage für unser Apostolikum, das „altrömische Symbol," nicht ganz richtig würdigt, und glaube, daß gerade eine historisch bessere Würdigung desselben viel dazu beitragen kann, den Streit um das Apostolikum einzudämmen. Aber er selbst will ja auch das Apostolikum keineswegs diskreditiren, er anerkennt auch sehr vieles an ihm und weist nur auf Anstöße hin, die mit ihm mindestens sehr viele gute evangelische Christen genommen haben oder nehmen. Wir sehen die Stücke, an denen er Anstoß nimmt, zum Teil anders an, wie ihm. Ob er sich meine Auffassung wird aneignen können, weiß ich nicht. Jedenfalls können mich die wissenschaftlichen Differenzen mit ihm

1*

über das Apostolikum nicht daran irre machen, daß ich mit ihm
in den prinzipiellen Maßstäben in Uebereinstimmung bin.
Unter den „prinzipiellen Maßstäben" verstehe ich die Maßstäbe,
nach denen wir Evangelischen beurteilen, was das Fundament
und Wesen des Glaubens ist; ich finde sie in 1. Kor. 3.
(Man lese das ganze Kapitel.)

Zu den geschichtlichen Skizzen, die fast wörtlich so wieder
abgedruckt sind, wie sie in der Christlichen Welt lauteten,
habe ich noch eine Nachschrift hinzugefügt, welche die Konse-
quenzen bezeichnet, die sich mir für eine praktische Beurteilung
oder Behandlung des Apostolikums als eines Besitztums unsrer
evangelischen Kirche in erster Linie ergeben. Kürze war hier,
wie in der geschichtlichen Darlegung, ein Gebot, von dem sich
nichts abdingen ließ. Auf Mißverständnisse von rechts und links
bin ich gefaßt. Ich werde mich über sie nicht beklagen, so lange
ich sehe, daß sie wohl mit der Kürze und etwa meiner Ausdrucksweise zusammenhängen möchten.

Völlige Einigkeit ist für absehbare Zeiten auf einem so
eigentümlich schwierigen Boden, wie es die gerechte Würdigung
des Apostolikums nun einmal ist, nicht zu erwarten. Es muß
uns genügen, wenn wir uns soweit zu begegnen wissen, daß
wir auf allen Seiten ohne unehrliche Anpassung oder An-
empfindung und doch unter Vorbehalt der Freiheit des evangelischen Glaubenslebens und der wissenschaftlichen Forschung
am Apostolikum praktisch festhalten, es nicht preisgeben, Gott überlassend, wie er uns mit diesem ältesten Bekenntnis, welches eine christliche Gemeinde aufgestellt hat, ferner-
hin segnen wolle.

12. November 1892.

F. Kattenbusch.

Zur Einleitung

Die nachstehenden Erörterungen sind nur dazu bestimmt, die Frage nach dem Werte des Apostolikums auf die ihr gebührende freie, geschichtlich-wissenschaftliche und evangelisch-religiöse Basis zu stellen. Der Herausgeber der Christlichen Welt bemerkte in Erwiederung auf die Mitteilung eines Laien und zur Präcisirung des Standpunktes seines Blattes (Nr. 38, Sp. 862):

Es handelt sich ... von unsrer Seite wahrlich nicht um eine Herabsetzung und Verwerfung des Apostolikums. Aber die für alle geschichtlich erzogenen Theologen und für viele sonstige Gemeindeglieder bestehenden Schwierigkeiten in der Aneignung des sogenannten apostolischen Glaubensbekenntnisses müssen aus dem gegebnen Anlaß freimütig erörtert werden. Je mündiger ein Laie ist, desto besser muß er das vertragen; je kirchlicher er ist, desto mehr muß er sein ganzes Interesse der Frage zuwenden. Und wenn wir die Erörterung über den Fall Schrempf für vorläufig abgeschlossen erklären: die Erörterung über das Apostolikum, seinen Ursprung und seine Geschichte, seinen Wert und Inhalt soll damit nicht abgeschnitten sein, im Gegenteil, wir werden darauf erst recht eingehen. ....

Dieses Versprechen haben die folgenden Artikel an ihrem Teil einlösen sollen.

Wenn man die „Erklärungen" in Sachen des Apostolikums, wie sie in der „Chronik der christlichen Welt" registrirt sind, durchsieht, so bemerkt man, wie allerseits eigentlich nur Stimmungen zum Ausdruck gebracht werden. Das ist begreiflich genug einer Formel gegenüber, deren Geschichte nur sehr wenige kennen. Aber gerade das Apostolikum kann billig und gerecht nur beurteilt werden, wenn man seinen Ursprung, seinen geschichtlichen Sinn, die Wechselfälle der Auffassung, die es erlebte, vor Augen hat. Ich sage das wider seine Verfechter und seine Gegner. Das Apostolikum ist nicht die „einsache" Formel, als welche es auf beiden Seiten behandelt wird. Man kann gar nicht so rasch über es urteilen, wie üblich ist. Denn es ist nicht erlaubt, sich bei seinen Worten kurzerhand zu denken, was einem dabei eben zu Sinn kommt. Was es in seinem „schlichten Wortsinn" vielen zu sagen scheint, ist zum Teil wirklich ein bloßer „Schein."

Wie ist denn der „Wortsinn" dieser Formel festzustellen? Indem wir Deutschen unsern deutschen Text allein überlegen? Aber man hat zu bedenken, daß dieser eine Uebersetzung ist, und daß Uebersetzungen nach dem Original kontrollirt sein wollen. Und der jetzige deutsche Text ist sogar nur eine After-übersetzung. Er ruht auf einem lateinischen Texte, dieser aber wieder auf einem griechischen! Wer den „Wortsinn" des Apostolikums feststellen will, wer sich bei seiner Behandlung des Apostolikums vor jeder „Umdeutung" — „Falschmünzerei" — schützen will, hat von dem griechischen Urtexte auszugehen. Aber dieser griechische Urtext, so gewiß er in unserm Texte noch erhalten ist, deckt sich doch nicht mehr ganz mit ihm. Der „Urtext" hat Zusätze erhalten. Diese Zusätze sind ihm aber nicht in seiner Form als griechischer Text gemacht, son-dern erst der lateinischen Uebersetzung: sie also haben an ihrer lateinischen Form den „Urtext." Zwischen der Zeit, wo der griechische erste Text entstand, und der Zeit, wo unser jetziger Text in seiner lateinischen Gestalt allgemeingiltig wurde (soweit er überhaupt verbreitet worden ist — er ist nie von der „gesamten Christenheit" angenommen!), liegt eine lange Geschichte der christlichen Ideen. Jeder der „Zusätze" hat auch wieder eine Geschichte für sich. Also es ist gar keine kurze Sache, nicht einmal um den Wortlaut, geschweige um den „Wortsinn" des Apostolikums!

Im gegenwärtigen Jahre ist in Christiania der Theolog gestorben, der mit Recht für den gelehrtesten Kenner der Ge-schichte des apostolischen Symbols galt, es war der Professor an der dortigen Hochschule D. Karl Paul Caspari. Dieser Mann war von Hause aus ein Jude, als solcher geboren in Deutsch-land (in Dessau 1814); nach seinem Uebertritt zum christlichen Glauben war er von tiefster Ueberzeugung ein orthodoxer Lutheraner. Er hat die letzten dreißig bis vierzig Jahre seines Lebens der Forschung nach dem Ursprunge und der Entwicklung des Symbols gewidmet und ist doch nicht fertig geworden. Aber wir verdanken ihm die gesicherte Grundlage für alle weitere Arbeit und eine Menge Erkenntnisse, die da zeigen, wieviele Vorurteile über Herkunft und Sinn des Symbols unter uns verbreitet sind. Wer heute öffentlich über das Apostolikum redet, sollte mindestens die Untersuchungen Casparis kennen. Natürlich hat auch Caspari nicht alles, was er anfaßte, so erledigt, daß man nun überall im Reinen wäre. Die Theologen, die sich mit der Dogmengeschichte und der sogenannten Symbolik beschäftigen, werden erkennen, wo ich im weiteren andre Gedanken an den Tag lege, als die Caspari gehegt hat. Ich kann hier keine speziellen Beweise für meine Auffassung darbieten und kann andrerseits doch selbstverständlich nur me ine Erkenntnisse aussprechen.

2
Die Entstehung des Apostolikums

In der alten Kirche war es üblich, so lange die Kindertaufe noch nicht die Regel war, den Täuflingen kurz vor der Taufe eine Formel mitzuteilen, die in der Kürze den ganzen Inhalt des christlichen Glaubens, wie man ihn verstand, umfaßte. Diese Mitteilung oder „Ueberlieferung des Symbols" war ein hochfeierlicher Akt, sie war die letzte Einweihung in das Wesen des Christentums und der christlichen Gemeinde. Die Täuflinge hatten die ihnen „überlieferte," d. h. anvertraute Formel auswendig zu lernen. Bei der Taufe selbst wurden sie über ihren Glauben „befragt." Sie legten hier ihr „Bekenntnis" ab, und zwar, wie es scheint, während sie im Wasser standen. Die Taufe geschah mit drei Untertauchungen; zwischen diesen wurde der Täufling gefragt, zuerst ob er an den „Vater" glaube, sodann ob er auch an „Jesus Christus den Sohn Gottes" glaube u. s. w. Mit einem „Ich glaube" bekannte er sich stückweis zu der ihm überlieferten Formel, dem „Symbole," denn die Fragen spielten in ihrem genauern Wortlaute im besondern auf die Ausdrucksweise dieser Formel an. Am sorgfältigsten hielt man es mit ihr in Rom. Hier gab es seit alters nicht nur einen feierlichen Akt der „Ueberlieferung" des Symbols, sondern ebenso einen besondern Akt seiner „Wiedergabe" seitens der Täuflinge. Jeder einzelne hatte vor versammelter Gemeinde von einem erhöhten Platze aus deutlich vernehmbar die Formel herzusagen. Dann erst wurde er zur Taufe zugelassen, um bei dieser noch einmal in der schon angegebenen Weise „befragt" zu werden. Die Taufe war auch eine Gemeindefeier, ein Gemeindefest, und hatte nur an einem (oder bei großem Andrang von Täuflingen auch an mehreren) bestimmten Tage — im Abendlande am Oster= und Pfingsttage in der Frühe — statt. So blieb das Symbol im Bewußtsein der ganzen Gemeinde erhalten. Als die Kinder= taufe (etwa seit dem fünften Jahrhundert) allgemein geworden war, hielt man noch meist an den sogenannten „Taufzeiten" fest; auch die Formen der Symbol=Ueberlieferung u. s. w. blieben erhalten, nur daß jetzt der Priester oder Pate dabei statt des Täuflings fungirte. Im beginnenden Mittelalter ist die „Ueberlieferung" des Symbols abhanden gekommen.

Die Formel, die dem Täufling mitgeteilt wurde, sollte nicht aufgeschrieben werden, sie wurde bloß mündlich erhalten. Man sollte sie keinem Ungetauften gegenüber aussprechen, nur Christen sollten sie kennen. „Symbol" hieß die Formel, weil sie das „Erkennungszeichen" (Symbolum) der Christen sein sollte. Der Christ sollte bei sich selbst gewiß sein, den rechten Glauben zu haben, ein „Gläubiger" zu sein, weil er diese Formel „besitze," zu eigen habe. Die Christen sollten einander an dieser Formel erkennen, auf Grund ihrer etwaige Lehrstreitigkeiten erledigen. In dem Sinne, daß sie die Lehre der Kirche be= stimmte, hieß sie die „Glaubensregel." Als solche diente sie dem Abendlande seit dem Bekanntwerden der gnostischen Systeme.

In der Gemeinde zu Rom ist die Formel geschaffen worden, auf die unser jetziges Apostolikum zurückweist, d. h. die diesem zu Grunde liegt. Diese Gemeinde hatte nachweislich wenigstens bis gegen Ende des zweiten Jahrhunderts das Griechische als Kirchensprache. In ihr mag zwischen den Jahren 100 und 120 das „Symbol" aufgestellt worden sein. Ich werde nun zunächst einmal dieses „altrömische" Symbol mitteilen, so zwar, daß ich es aus dem Griechischen übersetze und unsern jetzigen Symboltext alsbald daneben stelle. Das altrömische Symbol hatte zwölf Artikel. Es ist wohl wahr= scheinlich, daß darin die Zahl der Apostel nachgebildet und das Symbol damit als Inbegriff des „apostolischen Glaubens" hin= gestellt werden sollte. Neben dem Namen: „Symbol der Apostel" (oder kurz „der Glaube") hat das Symbol, nicht ursprünglich, wohl aber im Mittelalter, mit Vorzug den Namen „Die zwölf Artikel" geführt.

Das altrömische Symbol*)

1. Ich glaube an Gott den allmächtigen Vater.

2. Und an Christam Jesum, seinen einigen Sohn, unsern Herrn,

3. der geboren wurde aus heiligem Geiste und Maria der Jungfrau,

4. der unter Pontius Pilatus gekreuzigt wurde und begraben,

5. am dritten Tage auferstand von den Toten,

6. auffuhr gen Himmel,

7. sitzet zur Rechten des Vaters,

8. von wo er im Kommen ist, um zu richten Lebendige und Tote.

9. Und an heiligen Geist,

Der jetzige Text**).

1. Ich glaube an Gott den Vater allmächtigen, Schöpfer Himmels und der Erde.

2. Und an Jesum Christum, seinen einigen Sohn,***) unsern Herrn.

3. Der empfangen ist vom heiligen Geist. Geboren von der Jungfrau Maria.

4. Gelitten unter Pontio Pilato, gekreuzigt, gestorben und begraben. Niedergefahren zur Hölle.

5. Am dritten Tage auferstanden von den Toten.

6. Aufgefahren gen Himmel.

7. Sitzend zur Rechten Gottes, des allmächtigen Vaters.

8. Von dannen er kommen wird, zu richten die Lebendigen und die Toten.

9. Ich glaube an den heiligen Geist,

---

*) Ich bemerke, daß ich diese Uebersetzung, soweit als thunlich, dem üblichen deutschen Wortlaute angenähert habe, indem ich in Fällen, wo die Wahl des deutschen Ausdrucks zwar nicht absolut als die richtige garantirt ist, doch aber erlaubt erscheint, eben den üblichen Ausdruck festhalte.

**) Ich nehme hier genau den Wortlaut, den man in Luthers Katechismen, wie man sie im deutschen Texte des Konkordienbuches findet, antrifft, denn dieser ist der „offizielle."

***) Landläufig ist es geworden, den Text hier zu rezitiren als: „seinen eingeborenen Sohn." Sachlich ist dagegen nichts zu erinnern, wenn man eben weiß, daß „eingeboren" soviel wie „einzig" sein soll; es ist in diesem Sinne nur gegen den Sprachgebrauch. Ein „eingeborener Deutscher" ist ein in Deutschland geborener Deutscher. Ein „eingeborener Sohn Gottes" wäre zunächst ein „in Gott geborener Sohn." Ich glaube nicht zu irren, daß viele unter uns, zumal viele Laien den landläufigen Symbolausdruck unwillkürlich in diesem letztern Sinne verstehen. Man kehre zum offiziellen Ausdruck zurück!

Das altrömische Symbol	Der jetzige Text
10. heilige Kirche,	10. eine heilige, christliche Kirche, die Gemeine der Heiligen,
11. Sündenvergebung,	11. Vergebung der Sünden,
12. Fleischesauferstehung.	12. Auferstehung des Fleisches und ein ewiges Leben.
Amen.	Amen.

Wenn die römische Gemeinde ursprünglich wahrscheinlich nur den griechischen Text hatte, so konnte es doch für die Dauer nicht ausbleiben, daß sie auch eine lateinische Uebersetzung aufstellte. Diese Uebersetzung erhielt auch offiziellen Charakter, und sie wurde nach allen Seiten in der lateinisch redenden Christenheit verbreitet. Soweit Roms Einfluß reichte, wurde sie übernommen, und um das Jahr 200 wird wohl im Abendlande das „altrömische" Symbol überall eingeführt gewesen sein. Aber nun ergab sich ein gewisser Uebelstand. Die Provinzialkirchen nahmen es mit dem Wortlaut des Symbols nicht so streng, wie die römische Gemeinde selbst. Für diese ist es bis ins Mittelalter hinein bezeugt, daß sie sowohl das griechische als das lateinische Formular, sowie es ursprünglich und offiziell festgestellt war, bis aufs Tüpfelchen festhielt: die Form war ihr so unverbrüchlich heilig, wie der Inhalt. Sie achtete darauf, daß niemand es je anders „wiedergab," als genau so, wie es seit alters „überliefert" wurde. Aber in den Provinzen war man weniger sorgsam, auch nicht so mit Pietät gegen die von Rom aus eingeführte Formel erfüllt. Man hielt sich für berechtigt, den einen oder andern Ausdruck abzuändern, hie und da den Sinn „deutlicher" zu machen. So entstand mit der Zeit eine große Fülle von Varianten zu dem Grundtexte. Man kann nicht denken, daß sich das alles nur, wie man zu sagen pflegt, „von selbst" machte. Vielmehr hat man zum Teil anzunehmen, daß Synoden sich damit beschäftigten, ob nicht irgend ein „Zusatz" am Symbol für notwendig zu erachten sei. So hat man guten Grund zu glauben, daß in Afrika auf diese Weise zuerst eine Erwähnung des „ewigen Lebens" in das Symbol eingeführt ist. Man kann beobachten, daß die verschiednen Kirchenprovinzen (wir würden heute im evangelischen Sprachgebrauch sagen: „Landeskirchen") feste Eigentümlichkeiten in ihren Abänderungen des Ausdrucks und ihren Zusätzen ausgeprägt haben. Es giebt

verschiedne „Typen". Anders gestaltete sich die Formel in der
Kirchenprovinz Afrika, wo Karthago die Führung hatte, anders
in Spanien, anders in Gallien. Aber innerhalb der „Typen"
traten mit der Zeit so manche Varianten auf, daß man zuletzt
von einer Art „Verwilderung" der Symboltexte reden muß.
Was nun den Text anbelangt, der jetzt, für uns, das
apostolische Symbol repräsentirt, so hat es damit folgende Be=
wandtniß. Er findet sich zuerst in einer Urkunde des achten
Jahrhunderts. Das beweist nicht, daß er damals „entstanden"
wäre, er kann füglich älter sein — nur nachzuweisen ist er
nicht eher. Wirst man die Frage auf, wo er wohl entstanden
sei, so ist eine absolut sichere Antwort gegenwärtig noch nicht
möglich. Ganz ohne Zweifel stammt er aus einer „west=
europäischen" Kirchenprovinz, wahrscheinlich aus dem fränkischen
Reiche: wie mir am ehesten scheint, aus einer der deutschen
Diözesen dieses Reiches. Aber was nun das Wichtigste ist:
die Formel hat keinerlei besondern Vorzug und keinerlei
besondre Autorität vor vielen andern in ihrer Zeit! Sie
ist eine im einzelnen vollkommen zufällig bedingte Abart. Wenn
wir die altrömische Formel griechischen oder lateinischen Gepräges
als die Mutter der vielen Symbole, die wir zwischen den
Jahren 200 und 900 treffen, bezeichnen müssen, so sind die
Provinzialformeln unter sich gewissermaßen „Geschwister." Aber
keins dieser Geschwister hat zunächst vor den andern etwas
voraus. Die Autorität aller haftet immer nur an ihrer Ab=
stammung von der einen Mutter. Man giebt nie zu, daß
man der Mutter zu nahe trete; die „Zusätze" (Abstriche sind
kaum irgendwo nachweisbar!) wollen immer nur angesehen sein
als Erläuterungen des Sinnes der einen einzigen Formel, die
als „das Symbol" galt. Trotz der mancherlei Variationen,
die das altrömische Symbol thatsächlich erhielt, sprach man stets
so, wie wenn es eben nur Ein „Symbol" allenthalben gleicher=
weise gäbe.
Es ist insbesondre nichts irriger als die Vorstellung, daß
unser jetziger Text eine Art äußerster Fortbildung des ursprüng=
lichen Symbols darstelle. Man redet wohl von der Zeit, wo
das Symbol in seinem jetzigen Wortlaute fertig geworden sei.
Darin steckt die Idee, „das Symbol" sei schrittweise gewachsen,
planmäßig von der Kirche erweitert und in der Form, die jetzt
gilt, offiziell „abgeschlossen" worden. Das ist in keiner Weise
zu belegen und für den, der die Textgeschichte der verschiednen

Symbolformeln kennt, ganz unglaubhaft. Unser Text taucht als bloße, in ihren Besonderheiten als solchen für niemand eigentlich verbindliche Nebenform zu andern auf. Man darf nicht rühmen, als ob unser Apostolikum das reifste Ertragnis der Symbolgeschichte sei. Es giebt neben ihm reicher entwickelte Formen, die verschollen sind; es giebt auch vorsichtiger redigirte Formen.

Wie kommt es denn nun, daß unsre jetzige Formel alle andern, selbst die „Mutter,“ verdrängt hat? Die Frage ist noch nicht sicher zu beantworten. Ich habe ganz bestimmte Vermutungen darüber, wie das geschehen ist. Aber das sind Hypothesen, die ich hier nicht entwickeln will. So viel ich sehe, ist ein Zufall mit im Spiele. Im zehnten Jahrhundert, in der Zeit des tiefsten Verfalls des Papsttums und der ganzen Kirche von Rom, ist auch die altrömische Formel in Vergessenheit gekommen. Bei der Restitution der kirchlichen Verhältnisse dort, zuvörderst der kultischen, ist (hier greift der „Zufall“ ein, den ich doch in gewisser Weise aufhellen zu können glaube!) die Formel, die jetzt gilt, aufgegriffen worden. Sie ist nicht „eingeführt“ worden statt der alten. Von der alten wußte niemand mehr etwas. Sie ist auch nie statt der andern Formeln (statt ihrer „Geschwister“) kirchenordnungsmäßig als allein- und allgemeingiltig vom Papst oder einem Konzil dekretirt worden. Aber sie ist in Rom zu Ansehen gekommen und hat sich von Rom aus, zunächst „frei,“ auch anderwärts ein spezifisches Ansehen erworben. Noch im spätern Mittelalter giebt es hier und da Sonderformeln. Aber die großen Scholastiker benutzen die neurömische Formel; durch die Werke dieser Theologen ist sie dann vollends alleinherrschend geworden.

Ins Morgenland ist unser Apostolikum nicht gedrungen. Die Griechen haben auf dem Konzil zu Florenz 1438 feierlich erklärt, sie kennten das „apostolische Symbol“ gar nicht. Das ist richtig. Zwar hat in alter Zeit Rom auch im Orient Gemeinden dafür gewonnen gehabt, sein Symbol anzunehmen. Aber die Symbolgeschichte im Orient ist doch ganz ihre eignen Wege gegangen. Größtenteils hat man dort bis zum Ende des vierten Jahrhunderts überhaupt kein Symbol gehabt. Als man dann ein solches einführte, ist das sogenannte Nicaeno-Constantinopolitanum fixirt worden. Es ist unerlaubter Ueberschwang, wenn in vielen unsrer liturgischen Formulare die Gemeinde aufgefordert wird, „mit der gesamten Christenheit“ den Glauben in den Worten des „apostolischen Symbols“

zu bekennen. Geschichtlich betrachtet handelt es sich bei unserm Apostolikum um eine im Abendland im Mittelalter allgemein giltig gewordne Nebenform zu einer freilich uralten, sehr ehrwürdigen und, wie ich zeigen werde, sehr wertvollen von der Gemeinde zu Rom geschaffnen Formel, die ihrerseits auch im wesentlichen nie über das Abendland hinaus Verbreitung gefunden hatte.

3
Der geschichtliche Sinn des Apostolikums

a) Der Sinn der altrömischen Formel

Unser jetziges Apostolikum hat geschichtlich angesehen denselben Sinn, wie seine Grundlage, das altrömische Symbol. Denn einesteils ist es ja offenbar im Wortlaute trotz seiner mancherlei Zuthaten noch mit jenem in wesentlicher Uebereinstimmung, andernteils will es sicher nichts „Neues" bieten, nichts, was nicht auch in der alten Formel indirekt mitläge. Die Zusätze sind gemeint als bloße kurze „Ausführungen."

Wir besitzen nicht nur eine große Anzahl von Symboltexten aus der alten Kirche (jene Fülle von Nebenformen zu dem altrömischen Symbol, die richtig klassifizirt und unter einander verglichen, uns eben gestatten oder zwingen, unsern gegenwärtigen Text so zu beurteilen, wie oben geschehen ist), sondern auch eine Menge von Symbolauslegungen. Von einer bestimmten Zeit an wurde es Sitte, den Täuflingen bei der „Ueberlieferung" des Symbols in einer Predigt (auch wohl mehreren solchen) die Bedeutung des ganzen und seiner einzelnen Artikel auseinanderzusetzen. Von diesen Predigten ist eine große Anzahl auf uns gekommen; von den namhaftesten Kirchenlehrern, einem Augustin, einem Cäsarius von Arles u. s. w., sind Sermone mit der Ueberschrift „bei der Ueberlieferung des Symbols" erhalten. Aber auch sonst giebt es viele gelegentliche Aeußerungen über diesen oder jenen Artikel des Symbols. So können wir ziemlich genau sagen, wie das alte Symbol in der alten Kirche gedeutet wurde. Aber dabei ist Folgendes zu bemerken. Es giebt doch keine einzige Auslegung, die wir als autoritativ betrachten könnten. Als eine solche würden wir etwa eine Auslegung ansehen dürfen, die zeitlich und örtlich dem Ursprunge des Symbols nahe stünde. Gäbe es z. B. eine Schrift über die Formel von seiten eines römischen Bischofs,

wäre es auch um etwa hundert Jahre später, als der Wahrschein-
lichkeit nach die Formel in der römischen Gemeinde eingeführt worden ist, so hätten wir daran einen sehr wichtigen, nur im Notfalle
zu beanstandenden Zeugen für den echten, nach ihrer ursprünglichen Absicht maßgebenden Gedankengehalt. Allein die früheste
Auslegung, die wir haben, ist 250 bis 300 Jahre später verfaßt
als das Symbol, sie ist nicht einmal von einem römischen
Autor und auch noch aus manchem weitern Grunde von ge-
ringem Werte für die Feststellung einer glaubhaften Tradition
über den Sinn des Symbols. Es ist in den meisten Predigten u. s. w.
über das Symbol mit Händen zu greifen, daß sie sich „zurechtlegen," was sie angeblich „auslegen." Das Verfahren der alt-
kirchlichen Theologen könnte man sehr oft als „falschmünzerisch"
bezeichnen, wenn dieser böse Ausdruck nicht überall da aus-
geschlossen sein müßte, wo ein Ausleger „gutgläubig," d. h.
ernstlich überzeugt ist, ohne viel Mühe den Worten ja abzusehen,
was ihr Sinn sei. Für den, der sich mit der Geschichte des
Symbols befaßt, gehören die „Auslegungen" durchweg in das
Kapitel der Umdeutungen desselben in den verschiednen Epochen
der Kirche. Wie aber soll es uns denn gelingen, dem wirklichen geschichtlichen Sinn der Formel nahe zu kommen?

Halten wir daran fest, daß die Formel im Laufe noch des
ersten Jahrhunderts, seit die Apostel begonnen hatten, die Predigt
des Evangeliums in die Welt zu tragen, entstanden sei, so wird
alles darauf ankommen, daß wir uns die allgemeinen Bedingungen, unter denen damals noch die Kirche, insbesondre die
Gemeinde zu Rom, die Heimat des „Symbols," stand, und
unter denen sie ihr Bekenntnis erstmals mit festen Worten um-
schrieb, vergegenwärtigen. Eine genaue Erwägung des griechischen Urtextes, jeder grammatischen oder lexikalischen Besonder-
heit seiner Ausdrucksweise wird dann auf die richtige Spur
leiten. Ich mache nun hier in der Kürze nur auf folgende
Momente aufmerksam.

Zunächst, was den Charakter der Gemeinde zu Rom betrifft, so wird man glauben dürfen, daß in ihr die Predigt
des Apostels Paulus noch in der Ueberlieferung nachwirkte.
Es waren wohl vierzig bis fünfzig Jahre — also mehr als
ein Menschenalter — darüber vergangen, seit Paulus in Rom
gepredigt hatte und des Märtyrertodes gestorben war. Wir
sind zwar wenig berechtigt zu glauben, daß die Paulinischen
Gemeinden die tiefsinnige, komplizierte Theologie des Paulus

allseitig oder auch nur in vielen ihrer Züge begriffen hätten. Aber man darf doch zum voraus erwarten, daß spezifisch Paulinische Gedanken, sagen wir einmal, daß sich der Rahmen der Paulinischen Predigt in einer Kirche, wie der zu Rom, erhalten und um die Zeit, wo das Symbol aufgestellt wurde, noch in der Erinnerung gelebt habe. — Nun ein Weiteres. Zu der angegebnen Zeit existirte noch nicht die Sammlung von Büchern, die wir als „Neues Testament" bezeichnen. Wohl verstanden: noch nicht die Sammlung! Die überwiegende Mehrzahl der einzelnen Bücher war freilich vorhanden. Aber ob sie schon alle in Rom bekannt waren, steht jedenfalls dahin. Z. B. darf man es in Frage stellen, ob das Johannesevangelium damals schon in Rom gelesen wurde. Auch wenn es schon verfaßt war, so ist nicht sicher, daß es bereits nach Rom überbracht war. Der Verkehr der christlichen Gemeinden unter einander war lebhaft und stark, aber man darf doch keine modernen Maßstäbe dabei anlegen! War das Johannesevangelium etwa noch unbekannt in Rom, so ist nicht zu bezweifeln, daß andre Formen der evangelischen Erzählung, die wir in Gestalt der sogenannten synoptischen Evangelien besitzen (ich denke vornehmlich an Lukas!), dort verbreitet waren, und daß sie die Vorstellungen, die man sich von der Geschichte Christi auf Erden machte, bestimmten. Es ist ferner anzunehmen, daß man in Rom keineswegs bloß den Brief, den Paulus eben dorthin gerichtet hatte, besaß, daß man vielmehr Abschriften von mehr oder weniger allen Briefen des Apostels in Händen hatte und im Gottesdienste vorlas. Auch die Apostelgeschichte wird man schon gekannt haben. Kurz und gut, wenn man auch noch nicht so wie wir einen „Kanon des Neuen Testaments" kannte, so stand man doch bereits auf dem Boden eines geschriebnen „Wortes." Nur freilich doch noch in einer mehr freien Weise. — Das Dritte, was ich hervorheben möchte, ist der Umstand, daß man sich noch nicht eingerichtet hatte auf eine Einbürgerung der christlichen Kirche in der Welt, in der Auseinandersetzung mit dem Staate, der Wissenschaft, überhaupt der Kultur. Man lebte noch in der Hoffnung auf das baldige Ende „dieser Welt," man erwartete noch für die nächste Zukunft, ja für jeden Tag die Wiederkunft des Herrn. Damit hing zusammen eine eigentümlich erregte, oft noch ekstatische Stimmung. Man erlebte noch Offenbarungen; es gab noch viele, die „Gesichte" hatten; ja die ganze Gemeinde lebte ihres

Glaubens noch mehr in einer Art von Schauen, als auf Grund oder in Form von Reflexionen. Von Theologie, von theoretisch zusammenhängender Gedankenbildung über die Gegenstände des Glaubens war noch kaum die Rede.

Das altrömische Symbol hat nun unverkennbar drei Teile. Es bezeugt einen Glauben an Gott (Art. 1), an Christus Jesus (Art. 2 bis 8) und noch an vier weitere Größen, die unter sich irgendwie gleichartig erscheinen (Art. 9 bis 12). Wir sind so gewohnt anzunehmen, daß das Apostolikum auf dem Gedanken der Trinität erbaut sei, daß es schwer hält, einer andern Betrachtung Raum zu schaffen. Und doch ist es nach dem griechischen Urtext ganz deutlich, daß nicht das Schema der drei „Namen" in der Taufformel dessen Konstruktion bedingt. Das Symbol sagt nicht: „Ich glaube an den Vater . . . Und an den Sohn . . . Und an den heiligen Geist . . ." Es bezeugt in Art. 9 nicht einen Glauben an „den" heiligen Geist, sondern an „heiligen Geist" („einen" heiligen Geist), wie an „heilige Kirche," an Sündenvergebung und Fleischesauferstehung. Das Symbol ist nicht zusammenzufassen unter dem Gedanken an das geheimnisvolle dreieinige Wesen Gottes, es bildet überhaupt gar nicht in dem Sinne eine „Einheit," daß man in ihm alles wie aus einem Gedanken verstehen könnte. Es bezeichnet locker nebeneinander gestellt die Hauptstücke, auf die es einem gläubigen Christen ankam, die wichtigsten Orientirungspunkte, auf die sich die Christenheit bezog, wenn sie sich klar machte, was sie „glaube," d. h. worin sich ihre Religion von andern Religionen unterscheide. Die Christen hatten eine besondre Vorstellung von Gott, eine solche, die kein Heide, ja auch kein Jude hatte: Gott ist der „allmächtige Vater." Sie glaubten noch an eine zweite Person, an Christus Jesus, und zwar glaubten sie von ihm, daß er der „Sohn Gottes" sei und ihr „Herr." Drittens glaubten sie dann noch, daß es heiligen Geist gebe, eine Gemeinde (die Kirche), die „heilig" sei, daß Sündenvergebung zu erlangen, daß eine Auferstehung selbst des „Fleisches" zu erwarten sei. Der dritte Teil des Symbols (Art. 9 bis 12) bezeichnet die Güter und die Hoffnungen eines Christen.

Wenn wir auf das Einzelne eingehen, so ist zum ersten Artikel nur wenig zu sagen. Das Symbol spricht nicht sowohl aus, daß der Christ an Gott glaube — daß es einen Gott giebt, erscheint wie selbstverständlich —, es bezeugt nicht einmal eigens, daß man als Christ nur an Einen Gott glaube, es behandelt das Wort „Gott" wie einen Eigennamen: „Gott," unter diesem Worte ist nur ein einziges Wesen gemeint, jeder weiß, welches Wesen, aber der Christ bezeugt, daß er von der Art dieses Wesens eine bestimmte Vorstellung, einen bestimmten, seiner Sache gewissen Glauben habe, nämlich daß Gott als ein „Vater" zu denken sei, und zwar ein Vater, dem alle Macht zu Gebote stehe. Zu einem „Vater" gehören „Kinder." Das Symbol berührt dieses Moment nicht. Es bezeichnet Gott nicht als „unsern (meinen) allmächtigen Vater." Man darf daher wohl nicht denken, daß das Herrengebet und die Anrede an Gott, die Christus uns, den Christen, darin auf die Lippen legt, direkt den Hintergrund für Art. 1 des Symbols darstelle. Aber es ist zu beachten, daß nur ein „religiöser" Begriff zur Bezeichnung der Art „Gottes" verwendet wird. Keinerlei Spekulation, keinerlei Definition, nur eine das Gemüt, vielleicht auch den Willen, das Gewissen berührende Aussage. Daß „Gott" im Himmel wohnt, daß er, der „allmächtig" ist, indem er sich wie ein „Vater" verhält, die Welt, Himmel und Erde, gemacht hat, das gehört wieder zu den Stücken, die das Symbol nicht ausspricht, weil es sie zweifellos für selbstverständlich hält.

„Christus Jesus" tritt im Symbol auf so wie Gott, nämlich als eine, daß ich so sage, äußerlich ja jedem bekannte Person. Es weiß nur nicht jeder, wer und was dieser „Mann" ist. Er ist der Sohn Gottes und „unser Herr." Das Symbol spricht den Glauben der Einzelnen aus; es hebt an mit: Ich glaube. Aber es nennt Jesus „unsern Herrn." Wer sind die „Wir," unter die sich das bekennende „Ich" mitrechnet? Nur die Christen? Oder „die Menschen"? Ich möchte annehmen, daß beide gemeint sind. Es ist im Sinne des Symbols zu sagen, daß die Hauptprobe darauf, daß Christus Jesus „Herr" sei, darin zu erkennen ist, daß er das Gericht zu halten bestimmt ist. Sein Richteramt aber ist nicht beschränkt auf die Christen. Ueber „Lebendige und Tote" wird er das Urteil abzugeben haben, d. h. über alle Menschen. Christus hat also eine Bedeutung für alle Welt, für die Ungläubigen so gut wie die Gläubigen: vor ihm werden alle erscheinen müssen. Dennoch hat er eine spezielle Beziehung zu den „Seinen." Die Christen nur kennen ihn, glauben an ihn als den „Herrn." Sie werden doch noch anders durch ihn beherrscht, als die „Welt." Es ist oft gesagt worden, das Symbol lasse die ethische Seite des

2

Christentums zu kurz kommen. Speziell hat man eine Beziehung auf das Gottesreich als eine sittliche Größe vermißt. Aber das „unser Herr" hat eine Tragweite, die von denen, die diesen Eindruck haben, unterschätzt ist. Der „Herr" hat zu walten und zu regieren. Wer seinen Glauben daran, daß Christus ein Herr über ihn sei, bekennt, deutet als selbstverständlich an, daß er sich von Christus auch in seinem Leben regieren lasse, daß er das „Gesetz Jesu Christi" anerkenne und gewillt sei, sich darnach zu halten. Auf der andern Seite tritt hier das Moment hervor, das ich oben erwähnte, nämlich daß die Gemeinde, die das Symbol aufstellte, an die sittlichen Aufgaben des Christentums noch bloß in enger Begrenzung dachte. Die Redewendung, mit der das Symbol der Richterstellung Jesu Christi, des Herrn, gedenkt, verrät unmittelbar, daß man die Katastrophe ganz nahe glaubte. Gegenwärtig ist Jesus ja noch im Himmel verborgen, er „sitzt" noch zur Rechten des Vaters, aber er ist doch schon „im Kommen," jeden Augenblick kann er sich erheben, und dann ist das Ende da. Art. 8 zeigt uns klar, daß das Symbol noch aus einer Zeit stammt, wo man mit zitternder Freude und Furcht betete: „Komm, Herr Jesu," und wo man noch das „Ja, ich komme bald" vernahm. In dieser Zeit genügte es, wenn der Gläubige sich zu Jesu als seinem „Herrn," der ihn „richten" werde, bekannte, um alle sittlichen Motive des Christentums, die praktisch anwendbar waren, mit zum Ausdruck zu bringen. Aus dem Symbol hörte nach jeder Christ heraus, daß der Glaube auch sittliche Früchte verlange. Das „Irret euch nicht, Gott läßt sich nicht spalten, was der Mensch säet, das wird er ernten," klang ihm entgegen aus dem Bekenntnis zu Christo dem Herrn, der im Kommen ist, Lebendige und Tote vor seinen Richterstuhl zu fordern.

Eine Begründung dafür, daß Christus Jesus für „unsern Herrn" anzusehen sei, liegt in dem Prädikat, mit dem von vornherein sein Wesen bezeichnet ist. Christus Jesus ist ein Sohn Gottes, er ist der einzige Mensch, von dem das gilt. Daß der Sohn Gottes eine besondre, eine absolut übergeordnete Stellung unter den Menschen hat, eine Stellung, die ihn allen „bloßen" Menschen gegenüber auf die Seite Gottes stellt, die es glaubhaft macht, daß Gott durch ihn waltet, durch ihn seine Macht bethätigt, ja ihm das oberste Majestätsrecht, das Gericht, übertragen hat, bedarf im Sinne des Symbols keiner weitern Begründung. Oder doch nur einer solchen, die sich einfach auf die Geschichte Jesu bezieht. Wer die Herkunft des Christus Jesus kennt, der weiß, daß er mit Recht als „Sohn Gottes" bezeichnet wird, daß er wirklich kein bloßer Mensch ist. Und wenn das Evangelium weiter erzählt, daß Christus Jesus, nachdem er gestorben war, auferstanden sei, daß er aufgefahren sei zum Himmel, so stimmt das ja durchaus zu seiner göttlichen Herkunft, es beweist andrerseits auch seinen Charakter als des „Sohnes Gottes." Daß der Vater seinem Sohne dann verliehen hat den Sitz zu seiner Rechten, daß er ihm an seinem eignen Throne Teil gegeben, das ist auch nur eine Konsequenz: dem Sohne Gottes gebührt Glanz und Herrlichkeit.

Wenn ich das Symbol in seinem zweiten Teile in dieser Weise verstehe, so ist das eine Ablehnung der Auffassung der einzelnen „Artikel" hier, die unter uns die übliche ist. Man redet davon, es sei die Eigenart des Apostolikums, daß es nur die nackten „Thatsachen" der heiligen Geschichte fixire und bekenne. Daran knüpfen die einen die Bemerkung, dieses Symbol sei doch unsäglich äußerlich und dürr, die andern meinen, daß es darin gewissermaßen kindlich, eben darum doch auch wahrhaft klassisch erscheine. Auf der einen Seite nimmt man vollends Anstoß an der Auswahl der Thatsachen. Die „unglaubhaftesten," die „wunderbarsten" seien offenbar mit Vorzug registrirt, das Symbol sei der Ausdruck eines superstitiösen oder doch phantastischen Glaubens. Das Symbol verlange recht eigentlich ein sacrificium intellectus: „Glaube" sei in seinem Sinne in erster Linie ein Verzicht auf eine vernünftige Denkart; so sei es nur ein Aergernis für jeden modernen Menschen. — Auf der andern Seite freut man sich der speziellen zum „Bekenntnis" erhobnen Thatsachen. Das, was jedem, auch dem blödesten Auge, die Uebernatürlichkeit der christlichen Glaubensobjekte zum Bewußtsein bringen müsse, das werde hier in den Mittelpunkt gestellt: so werde die Gemeinde durch das Apostolikum immer wieder an ihre Geheimnisse erinnert. Diese Geheimnisse an sich, ganz gleichgiltig, was sie an Heilswert „enthalten," seien hier einmal vorab festgestellt. So sei das Symbol die gesunde Grundlage für die Theologie. — Ich meine, beide Teile seien im Unrecht. Jene Reflexionen und Urteile lassen sich an den deutschen Text unsers jetzigen Apostolikums mit einem gewissen Recht anschließen, aber nicht an den Wortlaut des altrömischen Symbols, insonderheit an den griechischen

2*

nicht. Unser deutscher Text bringt die einzelnen Artikel in einer solchen Form, daß man wirklich den Eindruck empfängt, es sollten in Bezug auf Christus nur eine Summe von Einzelheiten seines Lebens, gleichviel was sie bedeuten möchten, mit kurzen Worten eben einmal „bekannt" werden. In unserm deutschen Texte ist der zweite Teil des Symbols gewissermaßen atomisirt worden. Aber das ist wider den Grundtext. Dieser bietet nicht eine Reihe von Sätzen oder Thesen, zu denen man sich bekenne, sondern einen Satz, eine These, die, daß man an Christus Jesus glaube, der als der Sohn Gottes unser Herr sei, und er bietet diese These so, daß er schildert und ausführt, wiefern das glaublich, wiefern das „wahr" sei, oder worin sich Christi Art und Stellung uns gegenüber darstelle. Im Sinne des altrömischen Symbols erklärt man nicht seinen Glauben erstens an Christus Jesus unter gewissen Attributen und ferner zweitens an eine Reihe von „Thatsachen" aus seiner Geschichte, sondern lediglich den Glauben an eine besondre Art und Stellung des „Christus Jesus." eine Art und Stellung, die dann „vor Augen gemalt wird." Wie mit Bezug auf Gott, so stellt das Symbol auch mit Bezug auf Christus keine Spekulation auf, es nimmt nicht die Gedanken in Anspruch, aber es faßt das Herz an. Es ist ein Ausdruck der Erkenntnis, daß wir unsre Beziehung zu Gott durch Christus haben. Ist Gott der „allmächtige Vater," so hat er speziell zu „uns" sein Verhältnis doch in Christo, der sein „Sohn" ist, den er uns zum „Herrn" gesetzt hat. Warum das so ist, das sagt das Symbol nicht, darauf reflektirt es nicht: es ist ihm genug, daß es so ist. Das Symbol kennt in der That keine „Theorie" über das „Werk" Christi. Aber es hat eine Anschauung von dem Sein, von der „Stellung" Christi. So ist es als Glaubensbekenntnis der Ausdruck einer innern Entscheidung Christo gegenüber. Es ruht auf dem Entschlusse einer Unterwerfung unter den „Herrn." Die wunderbaren Dinge, die es aus dem Leben Christi berührt, sind ihm nicht wichtig in der Richtung, daß sie zeigen, wie die „Vernunft" im Glauben schweigen müsse, sondern in der Richtung, daß sie „offenbar" d. h. klar machen, wer und was der Christus Jesus sei.

Und Zweierlei ist mit Bezug auf das christologische Bekenntnis des altrömischen Symbols vorzubringen. Zunächst die Vorstellung von dem Wesen der Gottessohnschaft, die sich darin ausdrückt. Es scheint mir kein Zweifel, daß Artikel 3: „der geboren wurde aus heiligem Geiste und Maria der Jungfrau" speziell ruht auf der Lukaserzählung. Wenn hier der Engel der Maria verkündet (1, 35): „Heiliger Geist wird auf dich herabkommen, und Kraft des Höchsten wird dich beschatten; deßhalb wird das, was (von dir) geboren wird, ein Heiliges heißen, ein Sohn Gottes" — so ist das der „Text," an den das Symbol sich anschließt. Von dort hat es den Gedanken übernommen, daß die Wesensbezeichnung Christi, die in dem Prädikat „Sohn Gottes" liege, sich aus der Art seiner Geburt herleite. Daß Jesus als Sohn eines menschlichen Weibes ein Menschensohn, ein „Mensch" sei, ist im Sinne des Symbols so selbstverständlich, wie daß er um der Art seiner Erzeugung willen ein Gottessohn, ein „Gott" ist. Es ist der einheitliche Gedanke eines „Gottmenschen," einer Person, die ebenso Mensch von Art, wie Gott von Art ist, welcher dem Symbol zu Grunde liegt. Aber wenn die Gottessohnschaft Christi zweifellos als eine naturhafte betrachtet wird, so andrerseits doch als eine bloß geschichtlich begründete. Es hat Gott gefallen, unter den Menschen einen Menschen zu erwecken, der sein Leben direkt von ihm und seine Art ganz so von ihm habe, wie ein Kind die Art seines Vaters hat. Von einer Präexistenz Christi weiß das Symbol nichts (auch die Lukaserzählung nicht!). Die theologische Reflexion über das Wesen der „Gottessohnschaft" ist noch völlig unentwickelt; das Problem der Person Christi wird noch in ganz primitiver Weise vergegenwärtigt — das Wort „Sohn" im landläufigsten Sinne führte auf die Spur: die Erzählung des Lukasevangeliums gab die einleuchtende Er-klärung.

Man kann auf den Gedanken kommen, daß das Lukas-evangelium, näher die Geburtsgeschichte dort, den christologischen Abschnitt des Symbols überhaupt beherrsche. Der Engel sagt hier von dem Sohne, den Maria gebären werde (1, 32): „Der wird groß sein und ein Sohn des Höchsten genannt werden, und Gott der Herr wird ihm geben den Thron seines Vaters David, und er wird König sein über das Haus Jakob in Ewigkeit, und seines Königreichs wird kein Ende sein." Das könnte unmittelbar veranlaßt haben, daß das Symbol von dem Gedanken der Gottessohnschaft Christi übergeht auf den Gedanken der „Herrschaft" Christi, und zwar seiner Herrschaft im Himmel und vom Himmel aus. Daß Lukas für das geschichtliche Gerüst des Christusbekenntnisses in Betracht komme, lehrt doch wohl auch die besondre Erwähnung der „Himmel-fahrt" (Apostelgeschichte). Natürlich darf man sich das nicht so mechanisch vorstellen, als ob der Verfasser des Symbols die Lukasberichte neben sich liegen gehabt. Deren Einfluß ist vielmehr so zu verstehen, daß durch sie im allgemeinen die Ideen und die Intuition des Verfassers bestimmt waren. Eben das aber bringt uns noch auf ein weiteres Moment, das letzte, das hier mit Be-zug auf die Christologie des Symbols zur Sprache kommen mag.

Es ist wohl nicht zu verkennen, daß die Paulinische Pre-digt von Christus eigentlich den Rahmen bestimmt, in dem das Symbol sich in seinem zweiten Teile hält. Man hat schon oft darauf aufmerksam gemacht, daß das Symbol ja nur des An-fangs und des Ausgangs des Erdenlebens Christi gedenkt. Es ist kein Wort darin, das auf Jesu Thätigkeit auf Erden sich bezöge. Nicht der Lehrwirksamkeit Jesu, nicht seiner Wunder ist gedacht. Von seiner Taufe, seiner Selbstdarstellung vor dem Volke ist keine Rede. Er wird scheinbar nur geboren, um zu sterben und durch den Tod hindurch zu seiner wahren Selbst-offenbarung als dessen, der da bestimmt war, zum „Sohne Gottes mit Macht nach dem Geiste der Heiligkeit durch die Auferstehung von den Toten" zu gelangen. Ich habe soeben auf die bekannte Stelle Röm. 1, 4 angespielt und damit angedeutet, wie ich mir die Art des Symbols erkläre. Es stellt in seiner Christusanschauung uns das Bild vor Augen, das in Pauli-nischen Kreisen sich erhalten hatte. Wenn das Evangelium und die Apostelgeschichte des Paulusschülers Lukas dabei noch be-sonders mitwirksam sind, so fügt sich das gut zu jener Idee. Es kann nicht die Rede davon sein, daß das Symbol die Theo-logie des Paulus wiedergebe. Diese war zu hoch und zu tief gewesen, sie war über die Köpfe hingegangen; die Kirche ist nur sehr langsam in sie hineingewachsen. Aber man hatte die Umrisse des Paulinischen Evangeliums erfaßt. Die gewaltigen Gedanken des Paulus über das „Kreuz" hatte man nicht be-griffen; aber das Symbol redet doch nicht bloß davon, daß Christus „gestorben" sei, es redet davon, daß er „gekreuzigt" worden, und es vergißt nicht das „begraben" (1. Kor. 15, 4). Es ist im Symbol nur eine Art von Paradoxie, wenn man es nicht einfach als historische Treue beurteilen will, daß von dem Gottessohne, dem durch seine Geburt („nach dem Geiste der Heiligkeit") offenbar zur Herrlichkeit berufenen, hervorgehoben wird, daß er nicht bloß gestorben sei, sondern daß er unter

Pontius Pilatus gekreuzigt worden. Auch in dieser Form ist es der Nachhall der besonderen Paulinischen Art, das Evangelium zu verkündigen, den wir hier treffen. Paulus war nur auf das „Wesentliche" an Christus gerichtet gewesen, er „kannte" nur den Christus „gemäß dem Geiste," nicht den „gemäß dem Fleische." Indem im Symbol alles in dem Bekenntniß über Christus zu einem einheitlichen großen, die ganze Seele füllenden Eindrucke sich zusammenschließt, zu dem Eindrucke von dem „Menschen," in dem Gott als in seinem Sohne erschienen sei, um sein Regiment unter den Menschen zu gründen und die Geschichte der Menschen ihrem Ziele entgegenzuführen, so bekennt auch es sich in seiner Weise eben zu dem Christus „gemäß dem Geiste."

Nun haben wir noch des dritten Abschnitts des Symbols zu gedenken. Meines Erachtens kann man es auch hier erproben, daß die Predigt des Paulus, verkürzt und verhüllt, dennoch nicht entstellt, uns in der alten Formel entgegentönt wie in einer Zusammenfassung.

„Und an heiligen Geist, heilige Kirche, Sündenvergebung, Fleischesauferstehung!" Das sind die Hauptstücke des Besitzes und der Hoffnung, deren sich der Gläubige rühmt, zu denen er sich zuversichtlich bekennt, ob sie auch „unglaublich" klingen. Der Begriff des heiligen Geistes ist der der höchsten Gabe. „Geist" ist das, was dem „Fleisch" gegenübersteht. Wenn unter Fleisch zuletzt im Sprachgebrauche des Paulus alles das, was der lebendigen Sinnenwelt, dem fühlenden, trachtenden, denkenden Naturwesen eigen ist, vorgestellt wird, so unter Geist alles das, was übernatürlich ist. Geist ist das, woraus die obere Welt, der Himmel, daß ich so sage, besteht. Gott ist ganz und gar „Geist." So ist der Geist eine Person. Er wird von Gott mitgeteilt. Gott giebt sich selbst zu eigen. Zuerst Christo. Im Symbol ist Christus gedacht als „geboren aus Geist." Der Geist ist dabei vorgestellt als die Kraft Gottes, aber doch nicht bloß als eine instrumentale, sachliche Macht, sondern als die Macht der Persönlichkeit. Die „Persönlichkeit" in Christo ist „geistig," auf Christus ruht der ganze Geist Gottes. Auch er ist „Geist." Und durch ihn kommt der Geist zu den Menschen. „Im Geiste" beginnen Gott und Christus selbst im Menschen zu „leben." So wird der Mensch, indem er den Geist empfängt — sich selbst kann er ihn nicht schaffen, er muß „über ihn kommen," er muß ihm geschenkt werden —, neugeboren,

„wiedergeboren." Kräfte wachsen ihm durch den Geist als „Gnadengaben" zu, wie er sie zuvor nicht gekannt hat. Man braucht nicht zu zweifeln, daß alle diese Gedanken im Gemüte dessen lebten, der im Symbole erstmals aussprach, daß er glaube an „heiligen Geist," daß es für ihn kein Wahn, sondern Wahrheit sei, daß es heiligen Geist gebe.

Und die „heilige Kirche"? Auch über diesen Begriff ließe sich viel sagen. „Heilig," ist der „Geist," weil er im Prinzip aus Gott stammt, vom Himmel kommt, in den Himmel erhebt. So ist auch die „Kirche," die Gemeinde der Gläubigen, „heilig," weil sie göttliche, himmlische Art hat, inmitten der Welt eine überweltliche Größe ist. Ohne hier die Gründe, worauf ich mich stütze, genauer darlegen zu können, sage ich nur, daß das Bekenntnis zur heiligen Kirche im Symbol zu verstehen sein wird im Sinne des Pauluswortes Phil. 3, 20: „Unser Bürgerrecht ist im Himmel, von wo wir auch als Heiland erwarten den Herrn Jesum Christum, der da ver=wandeln wird den Leib, den wir in unsrer (jetzigen) Niedrigkeit haben, zu einem Nachbilde des Leibes, den er in seiner Herrlich=keit hat, gemäß der Kraft, mit der er kann alles sich unter=thänig machen." Die letzten Worte lassen auch das nötige Licht auf die „Fleischesauferstehung" fallen. Es ist schon oft mit Recht hervorgehoben worden, daß es nicht „biblisch," speziell nicht Paulinisch sei, von einer Auferstehung des Fleisches zu reden. In der That, Paulus kennt keine Auferstehung des „Fleisches," sondern nur eine solche des „Leibes." Fleisch und Blut können nach ihm das Reich Gottes nicht ererben. Aber es handelt sich bei Paulus um seine Unterscheidungen, wie die Gemeinden sie nicht verstanden. Paulus stellt sich vor — er teilt diese Vorstellung mit der ganzen antiken Welt —, daß der Mensch im Tode in die Unterwelt hinabsteige. Sein Fleisch verwest im Grabe, aber er behält die Form seiner irdischen Erscheinung, d. h. seinen „Leib." Als Christ glaubt Paulus, daß der Mensch, wie Christus, „auferstehe," d. h. von Gott wieder heraufgeführt werde zu seiner Zeit aus der Unterwelt. Und dann wird Gott seinen Leib mit neuer Substanz, nämlich mit himmlischem „Glanze" erfüllen. Sein „Fleisch" erhält der Mensch nicht zurück, aber er bleibt doch auch nicht der „Schatten," als welcher er in der Unterwelt unter den Toten geweilt hat. Auch mit Bezug auf Christus hat Paulus zweifellos nicht ge=dacht, daß dessen „Fleisch" aus dem Grabe hervorgegangen sei, sondern vielmehr nur, daß er im Leibe und mit himmlischer Herrlichkeit angethan „am dritten Tage" sein Grab, die Unterwelt, verließ, um die Stelle einzunehmen, die Gott ihm „bestimmt" hatte, die Stelle „zur Rechten Gottes" im Himmel. Die Gemeinden haben aus der Verkündigung des Paulus die Hauptsache richtig herausgehört, daß nämlich der Mensch nicht im Tode, in der Unterwelt bleibe, und daß er auch nicht als bloßer Schatten, als eine nackte „Seele" an den Ort seiner Bestimmung, in die Stadt, wo er das „Bürgerrecht" habe, eingehen werde, daß er vielmehr eine wunderbare Verklärung seiner ganzen Persönlichkeit erleben werde. Man dachte sich den Vorgang im einzelnen wohl anders als Paulus, man sah das „Fleisch" an wie etwas, was „verewigt" werden könnte, was am Gottesreiche mit Teil erhalten könne; aber das ist nur eine letztlich sehr unwichtige Nüancierung der Idee des Paulus.

Und nun zuletzt die „Sündenvergebung." Sie steht vor der „Fleischesauferstehung" im Symbol. Denn sie wird dem Menschen schon auf Erden, bei der Taufe, zu teil. Man hat im Symbol den Gedanken der „Rechtfertigung" vermißt. Wirklich zu vermissen ist nur das Wort, die Sache ist nicht vergessen, wenn der zuversichtliche Glaube an eine „Vergebung der Sünden" ausgesprochen ist. Es fällt hier noch einmal ein Licht auf den Gedanken von Christus. Er ist der „Richter." Aber er ist ein Richter, der Erbarmen kennt. Wer als ein Christ zu ihm steht, in ihm seinen „Herrn" anerkennt und ehrt, der besitzt „Gnade" vor ihm. Daß das Symbol des „Gottesreiches" nicht gedenkt, dürfte auch daher stammen, daß Paulus diesen Ausdruck fast ganz zurückgestellt hat.

b) Der Sinn der Zusätze in der jetzigen Formel

Die spätere Formel, die „neurömische," wie man unser jetziges Apostolikum ja nennen mag, werde ich nur kurz zu beleuchten brauchen. Es wurde oben auseinandergesetzt, welche Bewandtnis es im allgemeinen (d. h. der Absicht nach) mit den „Zusätzen" hatte, die diese Formel aufweist. Wichtiger als diese Aenderungen im Detail erscheint der Wandel des Gesamtverständnisses des Symbols im Laufe der Zeiten. Allein darauf will ich nur nebenher eingehen. Denn es kann für uns nicht darauf ankommen, wie jeweilen die Kirche offiziell das Apostolikum benützte. Abgesehen von dem „geschichtlichen" Sinne dieser Formel ist für uns nur noch die Auffassung von

Belang, die ihre Uebernahme in die Kirche der Reformation begleitete. Dementsprechend gedenke ich, nachher noch Luthers Behandlung des Apostolikums zu charakterisiren. In Bezug auf die Deutung, die das Symbol in der katholischen Kirche erfuhr, hier nur das Folgende.

Es ergab sich ganz wie von selbst, daß die Kirche stets ihr neuestes Dogma in die Formel eintrug. Als die großen trinitarisch=christologischen Streitigkeiten der alten Kirche zur Ruhe gekommen waren, wurde die alte Formel allerseits so interpretirt, wie wenn alle Bestimmungen der Konzilien von ihr vorgesehen wären. Noch am nächsten lag es, die Formel als den Hort der Trinitätslehre hinzustellen. Wie ich aus= führte, ruht das altrömische Symbol nicht auf dem Schema der drei „Namen," die die Taufformel Matth. 28, 19 enthält. Man kann es durchaus glaubhaft finden, daß um die Zeit, wo dieses Symbol entstand, in Rom das Matthäusevangelium noch unbekannt war. Nach Röm. 6, 3 hat man am ehesten zu denken, daß in Rom ursprünglich nur „auf Christus Jesus" getauft wurde. Diese Form der Taufe hat sich auch im Abend= lande jahrhundertelang erhalten und ist erst allmählich der Taufe auf die drei Namen überall gewichen. Vornehmlich in Rom ist freilich unzweifelhaft schon im Laufe des zweiten Jahrhunderts — vielleicht schon sehr bald, nachdem das Symbol aufgestellt war; ich würde denken: alsbald nachdem das Matthäusevangelium bekannt geworden — die letztere Form der Taufe eingeführt worden, und fortab lag es immerhin nahe, das Symbol sich zu vergegenwärtigen als recht eigens konstruirt auf dem Grunde der drei Namen oder — so wird man es sehr bald angesehen haben — als konstruirt über der Taufformel nach Matthäus. Der lateinische Text erleichtert diese Betrachtung gegenüber dem griechischen, da das Lateinische keinen Artikel hat und daher in dem Symbol in Absatz 9 eine Ausdrucksweise bietet, die ganz ebensowohl wiedergegeben werden kann mit den Worten: „Und an den heiligen Geist," wie mit den eigentlich korrekten: „Und an heiligen Geist." Damit nun, daß man den Gedanken bildete, das Symbol sei recht eigens ein Ausdruck des Trini= tätsglaubens, war noch nicht gegeben, daß man die später von der Kirche zum Dogma erhobene Trinitätslehre in dem Symbol fand. Diese Lehre hat eine lange Geschichte gehabt; die Deutung des Symbols gemäß dieser Lehre weist viele Etappen auf — Einheitlichkeit ist hier erst vorhanden, nachdem

sich die Lehre des Augustin allerseits im Abendlande durchge-
setzt hatte. Das altrömische Symbol ist in seiner Vorstellung
über die Gottheit Christi sehr weit entfernt von der Lehre
darüber, die später „orthodox" geworden ist. Es kennt keine
Präexistenz Christi, geschweige denn seine „ewige Zeugung"
und seine Gottwesensgleichheit im Sinne der Theorie, die später
in der Kirche siegreich geworden. Gleichwohl ist diese Theorie
und die ganze Lehre von der Menschwerdung, wie sie sich
schrittweise entwickelte, immer wieder hineingelesen worden.

Das Uebelste war, daß im Verfolg der dogmatischen Streitigkeiten der alten Kirche sich die Vorstellung von dem religiösen
Charakter des Symbols immer mehr verdunkelte. Schon im
vierten Jahrhundert ist dieser kaum noch jemandem deutlich
gegenwärtig gewesen. Unter dem „Charakter" des Symbols
verstehe ich jenen Grundzug, wonach sich der in ihm zu
Tage tretende Glaube auf Personen und lebendig anschauliche
Güter und Hoffnungen richtet. Es ist ein Anderes, an eine
Person selbst zu glauben, und ein Anderes, an eine Theorie
über sie zu „glauben." Die altrömische Formel spricht einen
Glauben aus an Gott als Person und an Christus Jesus als
Person, wobei ein mächtiger lebendiger Eindruck von ihrer
Stellung uns gegenüber, ihrer „Bedeutung" für uns maß-
gebend ist. Dieser Glaube war Zuversicht, in ihm lebte
Vertrauen und Ehrfurcht. Er entsprach noch der Idee über
das Wesen des Glaubens, die der Hebräerbrief (11, 1) an den
Tag legt, und die vollends den Apostel Paulus erfüllte. Auch
die altrömische Formel hat schon ihre „Theorie" über Christus,
über seine Gottessohnschaft. Aber diese ist ihr doch noch nicht
Selbstzweck. Gerade das ist aber der Unterschied zwischen dem
wirklichen geschichtlichen „Charakter" des Symbols und der ihm
in der katholischen Kirche schon sehr früh entgegengebrachten
„Auffassung," daß nach letzterer die Theorie über Gott, über
Christus, über den h. Geist u. s. w. zur Hauptsache, d. h. zum eigentlichen Glaubensobjekt wird. Nach dieser Auffassung kann das
Symbol zuerst und zuoberst nur noch den Willen einer stum-
men Unterwerfung unter das bloße Rätsel von Gott begründen;
der Glaube wird hier zum bloßen Fürwahrhalten, zur Preis-
gabe des Verständnisses. Neben dieser schlimmsten Verschiebung,
dem Schwinden des Verständnisses für die eigentliche religiöse
Position des alten Glaubens, erscheint andres fast wie neben-
sächlich. Man begreift, daß der Gedanke von den „zwölf Ar-

tikeln" jetzt sich so gestaltete, daß das Symbol immer wieder in sie „zerlegt" wurde, daß dementsprechend das Symbol im einzelnen ausgelegt wurde, wie wenn es nur andeutende Titel für Gottes wunderbares Wesen und eine Summe bloßer, „nackter" Thatsachen konstatire. An die Zwölfzahl der Artikel und die ursprünglich sachlich geartete Idee, daß das Symbol den „Glauben der Apostel" enthalte, knüpfte sich schon bei- zeiten die Vorstellung, daß wirklich die Apostel selbst das Symbol angesetzt hätten, und die Legende führte das dahin aus, daß am Pfingsttage die Apostel sich zusammengethan hätten, um jeder einen Satz, der zum Glauben gehöre und zu der Predigt, die sie jetzt in die Welt tragen sollten, auszu- sprechen. Daraus entstand vollends die Vorstellung von der Isolirtheit der einzelnen „Thatsachen," wie sie hart und schroff besonders in der deutschen Uebersetzung sich spiegelt. Man kann allem dem gegenüber nur betonen, daß das altrömische Symbol, die „Mutter" des Apostolikums, doch allein in seinem geschichtlichen Grundsinn die Autorität ist, auf die es an- kommt, nämlich dann, wenn man sich zuletzt fragt, ob man mit dem „wirklichen" Glauben des Apostolikums in Uebereinstim- mung geblieben sei. —

Was nun die „Zusätze" unsers jetzigen Apostolikums zu der altrömischen Formel anlangt, so sind die meisten ja offen- bar nichts andres als eine sachlich gleichgiltige Erweiterung. Wenn in Art. 1 zugesetzt wurde „Schöpfer Himmels und der Erde," so war das ohne jede Frage im Sinne des alten Symbols erlaubt. Die alte Formel ist lapidarisch insofern, als sie kein Wort zu viel sagt; sie rechnet darauf, daß Christen sie verstehen würden, auch ohne daß sie ausführlich werde. Der „allmächtige Vater" kann ja doch nicht vorgestellt werden, wenn man ihn nicht als Schöpfer denken will. Durch den Glauben an „Gott den allmächtigen Vater" ist es sofort mit- gesetzt, durch ihn „merkt man" es (Hebr. 11, 3), daß die Welt durch „Gottes Befehlswort entstanden" sei, und daß „alles, was man sieht," durch Gottes Willen „aus nichts geworden ist." Notwendig war jener Zusatz zum alten Symbol unter keinem Gesichtspunkte, gerade darum wird doch auch niemand Anstoß daran nehmen.

Es steht ähnlich mit dem Zusatze in Art. 3. Denn ob nun ausdrücklich ausgesagt wird, daß „Christus Jesus" (oder „Jesus Christus" — die Stellung der Worte im altrömischen

Symbol hat das eigentümliche Interesse, daß sie die dem
Paulus geläufigste ist!) vom heiligen Geiste „empfangen"
und von Maria der Jungfrau „geboren" sei, oder nur das,
was der alte Wortlaut bietet, so ist ja beide male ohne Frage
an dieselbe Erzählung gedacht.

In Art. 4 finden wir zuerst eine genauere Schilderung
der Hergänge bei dem Tode des Herrn. Das „gelitten" geht
sicher auf die Vorgänge, die sich im Palaste des Hohepriesters
und vor allem des Pilatus abspielten, bis Jesus zur Kreuzi-
gung abgeführt wurde. Daß man ein Bedürfnis verspürte,
zwischen dem „gekreuzigt" und „begraben" der alten Formel
ein „gestorben" einzufügen, können wir nachempfinden. Ganz
besonders anstößig ist dagegen für viele in der Gegenwart der
letzte Zusatz in diesem Artikel, nämlich das „Niedergefahren
zur Hölle." Ich habe in der Christlichen Welt (1889,
Nr. 27 und 28) schon einmal eigens über diese Worte in
unserm Apostolikum gehandelt und darf mich daher auf das
beziehen, was ich damals ausführte. Unsre deutsche Uebersetzung ist, sofern der gegenwärtige Sprachgebrauch von „Hölle"
berücksichtigt wird, einfach falsch zu nennen. Die lateinischen
Worte sind richtig nur wiedergegeben, wenn wir sagen: „Niedergefahren (Niedergestiegen) in die Unterwelt," d. h. „in das
Totenreich" (oder „zu den Toten"). Dieser Zusatz tritt uns
ursprünglich entgegen in der Formel, die in der großen nord-
italischen Handelsstadt Aquileja (unfern dem heutigen Venedig)
üblich war; hier treffen wir ihn schon im vierten Jahrhundert,
und es ist aus manchen Gründen wahrscheinlich, daß er nur
durch eine Spezialschrift über das Symbol von Aquileja, die
in der alten Kirche sehr berühmt und viel gelesen war, in
andre Formeln, so auch in unser Apostolikum, übergegangen
ist. Jene angegebne Spezialschrift (sie stammte von dem
Presbyter Rufinus aus Aquileja, † 410) nun giebt auch an
die Hand, wie dieser Zusatz zu verstehen sei. Nämlich sie
bemerkt, daß er nur deutlicher aussprechen wolle, was auch schon
in dem „begraben" liege. Man muß sich hier wieder an die
antiken Vorstellungen vom Zustande nach dem Tode erinnern.
In den Tiefen der Erde, da dachte man sich den Aufenthalt
der Toten. Dort wohnen die Toten als Schemen und Schatten.
Es war ursprünglich eine den Christen gänzlich selbstverständ-
liche Idee, daß Christus, wenn er wirklich am Kreuze gestorben
war und darnach auch begraben (an einen Scheintod hat nie

jemand in der alten Kirche gedacht!), wie alle Toten in die
Unterwelt niedergestiegen sei. Er war nur dort nicht geblieben,
sondern von Gott am dritten Tage wieder hinaufgeführt. Nach
der ursprünglichen Anschauung, die auch bei Paulus anzunehmen
ist, war er aus der Unterwelt (dem Hades) am dritten Tage
in den Himmel hinaufgestiegen. Später glaubte man, er sei
zunächst nur auf die Erde zurückgekehrt und dann nach vierzig
Tagen in den Himmel aufgefahren. Das altrömische Symbol
ruht schon auf der letztern Vorstellung (die meines Erachtens
sich daran anschloß oder es deuten wollte, daß von einer bestimmten Zeit an die Erscheinungen des auferstandnen, erhöhten Christus ein Ende gefunden hatten). Lange Zeit nun
machte man sich noch keine Gedanken darüber, was Christus
während der drei Tage in der Unterwelt gethan habe. Im
zweiten Jahrhundert kam zuerst der Gedanke auf, daß er auch
dort, wie auf Erden, gepredigt habe. (Diese Vorstellung
trifft man vielleicht in dem sogenannten ersten Briefe des
Petrus — 1. Petr. 3, 19 —; die Stelle läßt sich jedoch auch
anders verstehen.) Gegen Ende dieses Jahrhunderts bahnte sich
die Vorstellung an, die sich später allgemein einbürgerte, daß
Christus in der Unterwelt den Tod selbst, den man sich per-
sonifizierte, aufgesucht und überwunden habe, daß er eben damit
für die Seinigen das gemeine Todesgeschick, nämlich in die
Unterwelt als ein Schatten hinabsteigen zu müssen, gebrochen
habe. Damals bildete sich die Rede: „deshalb stieg Jesus
Christus zur Unterwelt hinab, damit wir nicht hinabzusteigen
brauchen." Man glaubte nun, daß die Christen, d. h. die
Frommen unter ihnen, im Tode sofort in den Himmel, wenn
auch noch nicht in die vollkommene Seligkeit, übergingen,
während man ehedem geglaubt hatte, erst die Wiederkunft
Christi (die man ja freilich täglich erwartete) werde die Gläubigen aus der Unterwelt befreien. Je länger je mehr schloß
sich somit an den Gedanken, daß auch Christus in die Unterwelt hinabgestiegen sei, die Vorstellung von dem eigentlichen
Heilswerte des Todes Christi an. Es ist sehr wohl möglich,
daß die, die in Aquileja zuerst die Worte „niedergestiegen in
die Unterwelt" in das Symbol einschalteten, davon befremdet
gewesen waren, daß die alte Formel ja kein Wort über ein
„Werk" Christi im Tode sagte; sie gedachten hier schon abhelfen
zu können, wenn sie nur ausdrücklich daran erinnerten, daß
Christus, als er gekreuzigt und begraben worden war, „in die

Unterwelt hinabstieg": die Christen des vierten Jahrhunderts hörten unmittelbar aus diesen Worten heraus, daß und wiefern Christus den Seinen zu gut „gestorben" sei.

Wie wir in unserm deutschen Texte bezüglich des soeben besprochenen Stückes eine Uebersetzung vor uns haben, die den, der den Urtext nicht kennt, irre führt, so auch bezüglich des Gedankens der Wiederkunft Christi. Der lateinische Text ist hier nach völlig in Uebereinstimmung mit dem griechischen Grundwortlaute: auch er enthält eine Ausdrucksweise, die den Glauben an ein unmittelbares Bevorstehen des Erscheinens Christi zum Gerichte erkennen läßt. Dieser Glaube, den die Erfahrung ja enttäuscht hat, ist gegen das Ende des zweiten Jahrhunderts schon wesentlich geschwunden gewesen; verstanden hat man fortab den Art. 8 durchweg so, wie die deutsche Ueber= setzung ihn wiedergiebt, als ob über den Zeitpunkt, wo das Endgericht zu erwarten sein werde, eine Glaubensaussage hier nicht gemacht sei.

Die wichtigsten Zusätze hat der dritte Teil des Symbols erhalten, hier wieder besonders Artikel 10, der den Glauben daran, daß es eine Gemeinde gebe, die „heilig" sei, die zwar in der Welt lebe, doch aber nicht von der Welt sei, bekennt. Die Hoheit dieses Gedankens von der „Kirche" ist nicht festge= halten worden, sie ist bald untergegangen in einer sehr äußer= lichen, der „katholischen" Betrachtung: die „Heiligkeit" der Kirche sah man je länger je mehr nur noch begründet in den Mysterien, die die Christenheit an der wunderbaren Art ihrer „Priester" und allen den sakramentalen magischen Vorrich= tungen, zu denen diese zu Gunsten der „Laien" befähigt seien, besitze. Es blieb in gewisser Weise die Idee, daß das Prädikat „heilig" an den himmlischen, überirdischen Charakter der Kirche erinnere. Aber man vergegenwärtigte sich die Bezüge, die zwischen der obern Welt und der Kirche hienieden bestehen, in immer mehr sinnlich, ja aberglänbisch werdenden Formen. Wenn der Kirche das Prädikat „katholisch" verliehen wurde — wir Evangelischen sagen nach Luthers Vorgang an dieser Stelle: „christlich"! —, so bezeichnet das schon eine Verengerung der Vorstellung: allen „Sekten" und „ketzerischen" Gemein= schaften sollte die Teilnahme an den Gütern der Christenheit abgesprochen werden. Besonders zu beachten aber ist der Zusatz, der in unserm deutschen Texte lautet: „die Gemeine der Heiligen." Ob der lateinische Ausdruck (communio sanctorum) überhaupt so übersetzt werden kann, mag dahinstehen. Daß er ursprünglich, oder „geschichtlich" angesehen, nicht so verstanden werden sollte, ist mir nicht zweifelhaft. Sieht man die ältesten Dokumente, in denen wir den Ausdruck treffen (dieselben gehören der Zeit um 400 an), darauf an, wie sie ihn fassen, so ergiebt sich eine doppelte Deutung. Er wird hier nämlich entweder so verstanden, daß er das Recht des Heiligenkults sicher stelle; in diesem Sinne ist der Ausdruck zu übersetzen durch: „Gemeinschaft mit den Heiligen" (nämlich denen im Himmel). Oder aber er wird verstanden als eine Anspielung auf die Fülle der Sakramente der Kirche, die dem „Gläubigen," also dem, der nicht in der Exkommunikation lebe, offen stehe; in diesem Falle haben wir die Worte wiederzugeben mit „Anteil an den Heiligtümern" (den „heiligen Dingen" der Kirche). Man dachte dabei besonders an das verwandelte Brot u. s. w. im Abendmahle.

Daß dem Schlußartikel noch die Worte „und ein ewiges Leben" beigefügt wurden, geschah nachweislich, um den Gedanken auszuschließen, daß die „Fleischesauferstehung" etwa eine bloß temporäre, „wie die des Lazarus," sein werde. Dieser Zusatz ist ohne Zweifel dem Sinne des altrömischen Symbols gemäß, während wir besonders bei den Zusätzen zu dem Artikel von der Kirche zwar nicht zu beanstanden haben, daß sie „gutgläubig" gemacht worden sind, d. h. daß man meinte, mit ihnen in Uebereinstimmung mit dem ursprünglichen Gedanken der Formel zu sein, umsomehr aber betonen müssen, daß man thatsächlich sehr weit von diesem Gedanken abgekommen war.

4
Luthers Auffassung des Apostolikums

Was Luthers Behandlung des Apostolikums betrifft, so besitzen wir eine ziemlich große Anzahl von Auslegungen von ihm. Die wichtigste für die evangelische Kirche ist die im kleinen Katechismus geworden. Wir wissen alle, was wir daran haben: durch sie vor allem ist uns das Symbol lieb und wert geworden. Wer noch seinen lutherischen Katechismus auswendig kann, dem klingen aus den Worten des Symbols, wo immer er es vernimmt, in der Liturgie des sonntäglichen Gottesdienstes oder bei einer Taufe zugleich Luthers deutende Worte mit entgegen, und sie heben ihn vielleicht über viele Anstöße hinweg.

Luther hat das Symbol mit der größten Freiheit be=
handelt. Er geht wie selbstverständlich von dem Grundsatze aus,
daß, wenn es den „Glauben" zusammenfassend aussprechen solle,
er es auch evangelisch deuten dürfe, ja müsse. Das Symbol
ist ihm ein Text, der zu behandeln ist wie ein „Auszug" aus
einem andern weitläufigeren. Für den letztern gilt ihm die
Bibel.

Wie eine Biene das Honig aus mancherlei schönen, lustigen
Blümelein zusammenzeucht, also ist dies Symbolum aus der lieben
Propheten und Apostel Büchern, das ist aus der ganzen heiligen Schrift
fein kurz zusammengefasset, daß mans billig nennet der Apostel Sym=
bolum oder Glauben.

Die Legende, daß die Apostel es selbst aufgesetzt hätten, ver=
ficht er nicht mehr — sie war schon gegen Ende des Mittel=
alters von dem Humanisten Laurentius Valla in Zweifel ge=
zogen worden, und zumal Erasmus hatte ihr dann starke Stöße
versetzt —, es genügt ihm, daß das Symbol sachlich für „apostolisch"
zu halten sei. Das Recht, es so zu betrachten, construirt er sich
dann aber von dem Eindrucke aus, den ihm dessen Worte er=
wecken; es mutet ihn an wie eine Art Blütenlese aus der
heiligen Schrift, und deshalb zweifelt er nicht daran, daß er
von seinem eignen evangelischen Schriftverständnisse aus es so
interpretiren dürfe, daß eben dieses Schriftverständnis dadurch
in die Gemeinden übergeleitet werde. In diesem Sinne hat er
es hingestellt wie einen Text, dessen Reichtum gar nicht auszu=
schöpfen sei, dessen „Schüler" er, der Doktor der Theologie,
sein ganzes Leben bleibe und „herzlich gerne" bleibe.

Wenn man darauf achtet, wie heutiges Tages das Aposto=
likum von denen angesehen wird, die in ihm das „Fundament
der Kirche und aller Lehre erblicken, so ist der Gedanke Luthers
über dessen Hintergrund noch fast überall maßgebend. Wir
dürfen uns dessen freuen. Denn von hier aus wird unter uns
Evangelischen doch auch einmal eine Verständigung über das
Maß von Bedeutung, das wir dem Apostolikum beizulegen
haben, sich ermöglichen lassen. Wenn das Apostolikum wie ein
„Auszug" aus der „Bibel" beurteilt wird, so wird doch die
Bibel selbst ihm übergeordnet! Gesetzt, die Betrachtung, die
ich oben über die Entstehung des Symbols in seiner eigentlich
ursprünglichen Gestalt skizzirt habe, sei nicht haltbar, gesetzt ein=
mal, es sei wirklich irgendwann so entstanden, wie Luther es
sich vorstellt, es sei von jemandem „aus der Bibel" als eine

kurze Summe ihrer Lehre hergestellt, so hätten wir doch das
Recht zu fragen, ob es im allgemeinen und im einzelnen der
bestmögliche, oder vielmehr, ob es wirklich ein durchaus „richtiger"
Auszug aus der Bibel sei. Luther beruft sich nicht auf die
„Kirche" als eine Garantie für die Unübertrefflichkeit des Symbols, er glaubt es angesichts der Bibel unmittelbar zu erkennen,
daß es das sei, wofür er es nimmt. Aber über Luthers Bibel-
verständnis steht uns doch zuletzt die Bibel selbst. Und wenn
wir denn gelernt haben, die Bibel — nicht in ihrem Kern,
aber äußerlich, als Sammlung von Büchern — anders anzusehen als Luther, wenn gerade doch der evangelische Glaube
selbst uns noch mannigfach von „Schalen" zu sprechen gelehrt
hat, wo Luther Kern sah, oftmals wenigstens sah (es ist ja das
Wundersame an Luthers „Theologie," daß sie viel zu reich ist,
als daß seine Urteile im einzelnen sich immer gleich blieben!),
so stehen wir auch jetzt noch und wieder frei dem Apostolikum
gegenüber. Entweder wir begreifen wirklich, daß das, was zu
unsrer Seligkeit nach dem Evangelium uns zu glauben not
thut, vernehmbar darin gegeben ist — dann werden wir es nie
preisgeben, dann werden wir auch das, was an ihm „Zeitge-
schmack" hat, als ein Zeichen davon, daß es von Menschen stammt,
gerne tragen und uns nicht darum an ihm „ärgern." Oder der
andre Fall — es zeigte sich, daß es nicht ist, nicht dafür gelten
kann, wozu es uns dienen soll und muß (nämlich zu einem
Mittel, unsern gesunden, seiner Wahrheit gewissen evangelischen
Glauben auszusprechen, zu bezeugen in der Gemeinde), dann
dürfen wir es nicht schonen.

Ich habe schon angedeutet, welcher dieser beiden Fälle mir
selbst als der thatsächlich gegebne vor Augen steht; es ist der
erstere. Man kann sich durch Luthers Auslegung des Symbols
davon überzeugen lassen, wie evangelisch das Symbol gefaßt
werden kann. Und man kann sich durch das richtige Verständnis
des Inhaltes der altrömischen Formel davon überführen lassen,
daß man dem Apostolikum keinen Zwang anthut, wenn man
es evangelisch „faßt." Gewiß ist „Umdeutung" dabei im Spiele,
wie Luther den Sinn des Symbols ausführt, aber jene Art von
Umdeutung, die den Geist der Worte versteht. Luther hat
Recht gehabt, wenn er überzeugt war, die alte Kirche sei „evangelisch" gewesen, sein eignes Werk sei nicht Revolution, sondern
Reformation und Restitution, er bringe das kirchliche Altertum
wieder zu Ehren. So vernahm er auch zuerst aus dem Sym-

bole wieder die wahrhaft frommen Klänge, die darin „wunder=
bar geschlossen" hatten; die „alte Weise" wachte wieder auf vor
seinem geistigen Ohre, er hat sie nur in eine neue Tonart
übersetzt.

Es ist hauptsächlich ein Doppeltes, was bei Luthers Be=
handlung des Apostolikums in Betracht kommt und, wie ich
meine, ein Wiederaufleben des echten Verständnisses bedeutet.
Einmal erkennt Luther wieder, daß man sich mit diesem Sym=
bol zu Personen bekennt. Auch er hat Theorien über
diese Personen im Hintergrunde. Er trägt sie arglos in die
Formel mit hinein, sie sind ihm eine „Fassung" für die
lebendigen Personanschauungen, die das Symbol ihm erweckt,
deren er nicht entraten kann, aber er unterscheidet doch Inhalt
und Form. Das Symbol erscheint ihm in seiner Konstruktion
nicht anders, als wie es seinen katholischen Zeitgenossen auch
erschien und wie es schon nach sehr alter Tradition betrachtet
wurde, nämlich als erbaut über dem Gedanken von der Trini=
tät. Ja Luther hat dieser Idee einen neuen Ausdruck verliehen:
er hat es veranlaßt, daß man fortab nicht mehr von zwölf,
sondern von drei Artikeln des Symbols gesprochen hat; wir
sind nur noch diese letztre Idee, wenn wir von den „Artikeln"
des Symbols sprechen, gewohnt. Der erste Artikel handelt nach
Luther von Gott dem Vater, der zweite von Gott dem Sohne,
der dritte von Gott dem heiligen Geiste, sie zusammen von der
Einen Gottheit in drei Personen. Aber nun ist das
Wunderbare und Großartige an seiner Behandlung der „drei
Artikel," daß er nie den Gedanken verliert, es unter den drei
Namen wirklich mit lebendigen, d. h. schaffenden, wirkenden
Personen, zuletzt immer mit einer und derselben Person, Gott
als Person zu thun zu haben. So gestalten sich ihm die besondern
Aussagen der drei Artikel von je der betreffenden Gottesperson
zu kurzen und doch erschöpfenden Andeutungen über die Werke
Gottes an den Menschen. Das führt auf das Zweite, was
seine Deutung des Symbols dem geschichtlichen Sinne gerecht
werden läßt.

Auch in der altrömischen Formel sind in den drei Teilen
die einzelnen Stücke immer in der Idee zusammengefaßt unter
einer einheitlichen Anschauung und zwar einer „praktischen,"
einer solchen, die nicht in erster Linie den sinnenden, forschenden
Theologen in Anspruch nimmt, sondern den lobenden, dankenden,
von seines Herzens Erfahrungen Zeugnis ablegenden, d. h. be=

kennenden Gläubigen. Gewiß — 'in den Detailaus=
führungen wird man zwischen dem, was das Symbol damals,
als es zuerst von Christen bekannt wurde, an Gedanken enthielt,
was also „geschichtlich" (oder wissenschaftlich angesehen) sein
Sinn ist, und dem, was Luther in ihm las und kraft dessen er
es zu seines Herzens freudigem Bekenntnis machte, allent=
halben Unterschiede erkennen, dennoch kaum wirklich religiöse Ge=
gensätze. Das Symbol wollte näher zugesehn den Glauben,
den Paulus den Gemeinden vermittelt hatte, aussprechen und
Luther hat gerade diesen Glauben darin erkannt! Es war
kein Unrecht gegen das Symbol, wenn er es mit viel vollern,
reichern Zungen hat reden lassen, als die ihm ursprünglich
eigen sind.

Wir Evangelischen werden uns nach Luther nicht mehr
dem Buchstaben des Symbols unterthänig machen, aber dem
von Luther entbundnen, „befreiten" Geiste werden wir immer
wieder zustimmen. Welche Partei unter uns bekännte denn
noch wirklich das Symbol so, wie es im buchstäblichen Sinne
„geschichtlich" zu fassen ist?! Höchstens die Irvingianer, die
den Glauben erneuert haben an das nahe Weltende. Und doch
werden auch sie nicht wollen, daß man ihre Christologie ein=
enge auf die Theorie von der Gottessohnschaft, die das Symbol
an den Tag legt. Wer imstande ist, zwischen der Theorie
selbst und dem Gedanken oder der Anschauung, die durch sie
gestützt und erklärt werden soll, zu unterscheiden, der sieht
doch auch, daß das altrömische Symbol nicht solidarisch ist
mit seiner Theorie. Es glaubt das richtige Wort für das
gottselige Geheimnis, daß Gott sich im Fleische geoffenbart hat,
zu besitzen: das Geheimnis selbst ist ihm doch die Hauptsache,
nicht die Aufklärung, die es hinsichtlich seiner gewähren zu
können meint. So darf jeder, der jenes „kundlich große"
Wunder Gottes kennt und anerkennt — wie immer er meint,
es in menschlichen Gedanken fassen zu können —, sich auch heute
nach den alten Warten des Symbols anschließen. Vielleicht ist
es für die Leser großenteils nicht nötig, durch Proben erst
Luthers Auffassung des Symbols und meine obigen Aus=
führungen darüber zu illustriren. Immerhin will ich doch
einige beibringen.

Zunächst also der kleine Katechismus. Hier ist es besonders
der Christusglaube, der „zweite Artikel," der in ebenso „freier"
als tiefer, evangelischer Weise die einzelnen Elemente des alten

Wortlautes in Verbindung unter einander setzt, ebendamit den eigentlichen „Charakter" des Bekenntnisses wiederherstellend und zur Geltung bringend. Luther sammelt alles, was er von Christus, dem „wahrhaftigen Gotte, vom Vater in Ewigkeit geboren, und auch wahrhaftigen Menschen von der Jungfrau Maria geboren," zu sagen hat, hierin spezifisch mit der alten Formel in Uebereinstimmung, unter der Anschauung, daß derselbe „mein Herr" sei. Von diesem „Herrn" weiß er, daß er „mich verlornen und verdammten Menschen erlöset hat, erworben, gewonnen von allen Sünden, vom Tod und von der Gewalt des Teufels, nicht mit Gold oder Silber, sondern mit seinem heiligen teuern Blute und mit seinem unschuldigen Leiden und Sterben, auf daß ich sein eigen sei und in seinem Reiche unter ihm lebe und ihm diene in ewiger Gerechtigkeit, Unschuld und Seligkeit, gleich wie er ist auferstanden vom Tode, lebet und regieret in Ewigkeit." Das ist gewiß viel direkter und nach innerlicherem Verständnis Paulinisch gedacht, als das Symbol selbst seinen Glauben an Christus nach der Predigt des Paulus ausgedrückt hat; es stellt Bezüge zwischen den einzelnen „Stücken" oder „Thatsachen" im Symbol her, die das Symbol selbst nicht hergestellt hat. Aber hätte Luther diese Bezüge nicht herstellen dürfen? Ist es nicht, als ob die Worte des Symbols uns nachträglich wie eine „Zungenrede" erschienen, für die Luther erst die eigentliche „Auslegung" gefunden? Und man bemerke doch, wie er souverän die einzelnen Thatsachen behandelt: der Höllenfahrt und der Himmelfahrt, ja selbst des Sitzens Christi zur Rechten des Vaters und seiner Wiederkunft zum Gerichte gedenkt er gar nicht ausdrücklich! Er hat den vollen Personeindruck von Christus als dem „Herrn" aufgenommen und redet nun in wirklich kongenialem Verständnis der Art, wie die altrömische Formel geredet hat, nur einfach schildernd von dem, was ihm an und für sich alles liegt in dem Glauben, daß Christus sein „Herr" sei. Der große Katechismus giebt eine ausführlichere Umschreibung des Begriffes „Herr." Ein Herr ist nur, wer „König" ist. Ein König ist immer zugleich ein gnädiger Herr für seine Unterthanen. So schildert Luther hier Christus als den „Herrn des Lebens, Gerechtigkeit, alles Guts und Seligkeit." Dieser Herr ist für uns Christen getreten an die Stelle der vielen „Tyrannen und Stockmeister," die wir von Natur hatten, der „Sünde, des Tods und alles Unglücks." Ausdrücklich sagt Luther hier, daß das „Wörtlein

Herr" die „Summa dieses Artikels" sei, so zwar, daß Herr „aufs einfältigste so viel heiße als ein Erlöser, das ist, der uns vom Teufel zu Gott, vom Tod zum Leben, von der Sünde zur Gerechtigkeit gebracht hat und dabei erhält." „Die Stücke aber, so nach einander in diesem Artikel folgen, thun nichts anders, denn daß sie solche Erlösung erklären und ausdrücken, wie und wodurch sie geschehen sei, das ist, was ihm gestanden und was er daran gewendet und gewagt hat, daß er uns gewönne und zu seiner Herrschaft brächte." Es ist immer die Person Christi selbst, die er uns vor Augen stellt. Das ist die Art, die wir im alten Symbole treffen; es ist spezifisch Lutherisch, daß die Katechismen uns die „Person" Christi schildern, indem sie Christi Herz und Gesinnung gegen uns an seinen „Thaten" aufweisen!

Ich will den „dritten Artikel" hier auf sich beruhen lassen. Er ist der, der in gewisser Weise der reichste und schwierigste ist, auch für Luther; er ist zugleich der, der den wenigsten Anstoß bietet aber doch leicht als ein wirklich geisterfüllter erscheint. Luther zeigt hier seine „Freiheit" besonders in der Behandlung des Begriffs der Kirche, zumal des Zusatzes in dem spätern, ihm ja allein bekannten Texte, der üblicherweise damals durch „Gemeinschaft der Heiligen" wiedergegeben wurde. Luther lehnt diese Uebersetzung ab. „Gemeine der Heiligen," so „sollt" es hier heißen, und zu verstehen sei darunter die Kirche selbst nach ihrem wahren Wesen.

Vom „ersten Artikel" möchte ich um deswillen noch handeln, weil ich die Leser gern neben den Katechismen auf wenigstens eine andre Auslegung des Symbols von Luthers Hand hinweise: ich denke an die in dem Beichtbüchlein von 1520, das den Titel hat: „Kurze Form der zehn Gebote, des Glaubens und des Vaterunsers." Der „Glaube" ist das Apostolikum. Luther behandelt es hier formell vielfach ganz anders als in den Katechismen. Es gehört auch zu der Freiheit, mit der er das Symbol hinnahm, daß er nicht gerade besorgt ist, immer einerlei Gedanken daraus abzuleiten. Jenes erstemal, wo er es behandelte, hat er sogleich den ersten Artikel als einen Inbegriff des ganzen christlichen Glaubens aufgefaßt. In der That: was „glaubt" der Christ zuletzt anders, als daß Gott, der Herr Himmels und der Erde, ihm ein „Vater" sei trotz aller seiner Sünde, ein Vater, der in seiner „Allmacht" ihn behüten und bewahren könne und werde selbst vor dem Tode, und der ihn als sein Kind ewiglich bei sich aufnehmen werde? Luther nimmt den Text vielleicht tiefer, als er gedacht gewesen, indem er ihn auslegt, wie wenn er laute: Ich glaube an Gott, meinen (unsern) allmächtigen Vater. Auf Grund dessen schreibt er:

> Ich glaub in [an] Gott Vater, allmächtigen Schöpfer Himmels und der Erde. Das ist, ich versag dem bösen Geist, aller Abgötterei, aller Zauberei und Mißglauben. Ich setz mein Trauen auf kein Menschen auf Erden, auch nit auf mich selbst, noch auf meine Gewalt, Kunst, Gut, Frummkeit oder was ich haben mag. Ich setz mein Trau [Vertrauen] auf kein Kreatur, sie sei im Himmel oder auf Erden.
>
> Ich erwäge und setz mein Trau allein auf den bloßen, unsichtbaren, unbegreiflichen einigen Gott, der Himmel und Erden erschaffen hat und allein über alle Kreaturen ist. Wiederum entsetz ich mich nit ob aller Bosheit des Teufels und seiner Gesellschaft; denn mein Gott über sie alle ist.
>
> Ich glaub nichtsdestoweniger in Gott, ob ich von allen Menschen verlassen oder verfolgt wäre. Ich glaub nichtsdestoweniger, ob ich arm, unverständig, ungelehrt, verachtet bin oder alles Dings ermangle. Ich glaub nichtsdestoweniger, ob ich ein Sünder bin. Denn dieser mein Glaube muß schweben über alles.
>
> Ich begehre auch kein Zeichen von ihm, ihn zu versuchen. Ich trau beständiglich in ihn, wie lange er verzicht, und setze ihm kein Ziel, Maß oder Weise, sondern stell es alles heim seinem göttlichen Willen.
>
> So er denn allmächtig ist, was mag mir gebrechen, das er mir nit geben und thun möchte? So er Schöpfer Himmels und der Erden ist und aller Dinge ein Herr, wer will mir etwas nehmen oder schaden? Ja, wie wollen mir nit alle Dinge zu gut kommen und dienen, wenn der mir gut gann [mir gutes „gönnt," gutes thun will], dem sie alle gehorsam und unterthan sind?
>
> Dieweil er denn Gott ist, so weiß er, wie ers machen mit mir soll aufs beste. Dieweil er Vater ist, so will ers auch thun und thut es herzlich gern.
>
> Dieweil ich daran nit zweifel und setz mein Trau also in ihn, so bin ich gewiß sein Kind, Diener und Erbe ewiglich, und wird mir geschehen, wie ich glaub.

Den „zweiten" und „dritten" Artikel behandelt Luther in der „Kurzen Form" so, daß er zeigt, wie es „mir" nur durch Christus und den Geist möglich wird, so an Gott zu glauben, wie der erste Artikel es fordert und bekennt. Die einzelnen Stücke dieser „Artikel" rückt Luther in das Licht, daß er darin die Mittel erkennen lehrt, wie Christus und der Geist zu uns kommt, an uns heran kommt, um trotz Sünde und Tod und natürlicher Schwachheit und Angst uns den Glauben an Gott als „unsern allmächtigen Vater" abzugewinnen oder äußerlich und innerlich möglich zu machen.

Das ist auch eine großartige Behandlung des Symbols. Wenn wirklich Luthers Geist wieder unter uns lebendig würde, so würde gewiß niemand mehr an dem Apostolikum ein Aergernis nehmen, ob er auch noch so deutlich begriffe, daß auch von ihm gilt, daß wir „solchen Schatz in irdischen Gefäßen" (2. Kor. 4, 7) besitzen.

Nachwort

Ueberschaue ich diejenigen Gedanken, die ich oben auf Grund reichlicher Spezialstudien, eben darum in aller Bescheidenheit, als meine geschichtlichen Erkenntnisse über das Apostolikum mitgeteilt habe, um noch eine „Nutzanwendung" davon in meinem Sinne zu machen, so möchte ich folgende Gesichtspunkte kurz fixiren.

Man hat, um das Apostolikum zu würdigen, davon auszugehen, daß es aufgestellt worden ist als ein Bekenntnis, d. h. als ein Ausdruck des Glaubens. Es ist nicht zuerst Glaubensregel, sondern Glaubenszeugnis gewesen. Man kann auch sagen, es sei in seinem Ursprunge gedacht gewesen als eine Formel, die nicht sowohl „belehren" wollte, als Darstellen sollte. Das liegt darin, daß es eine liturgische, gottesdienstliche Formel war und eine Formel, die der Gemeinde eignete. Jeder erhielt (im Abendlande) die Formel, wenn er zur Taufe zugelassen werden sollte, „überliefert," dann bekannte er sich zu ihr bei der Taufe und trat nunmehr in den Kreis der „Gläubigen." (Doch ist das Symbol in der alten Zeit nur bei der Taufe im liturgischen Gebrauche gewesen, nicht in andern Gottesdiensten.)

Von hier aus gestaltet sich die Frage nach dem Werte des Apostolikums für uns zunächst dahin, ob wir als evangelische Christen imstande sind, es da, wo wir unsern Glauben bekennen, zu gebrauchen. Wir bekennen unsern Glauben bei der Tauffeier, bei der Konfirmation, in der sonntäglichen Liturgie.*)

---

*) In der sonntäglichen Meßfeier (auch daneben an bestimmten Festen) hat die römische Kirche jetzt — unsicher seit wann; wahrscheinlich seit dem elften Jahrhundert — auch ein Glaubensbekenntnis. Sie benutzt hier das sogenannte Nicaeno-Constantinopolitanum. Eine „gewöhnliche" Messe hat kein Credo.

Lassen wir die Konfirmation einmal beiseite (da wir auf sie
hernach nach geführt werden). Wenn wir bei der Taufe für
das Kind „bekennen," so meinen wir doch nicht irgend einen
blassen, dürftigen Ausdruck unsers Glaubens brauchen zu können,
sondern begehren einen deutlichen, klaren Ausdruck zu hören:
wir wollen, daß das Kind im evangelischen Glauben in die
christliche Gemeinde aufgenommen werde. Aber hier erreichen
wir sogleich den Punkt, wo uns gerade das Apostolikum wichtig
wird. Wir wollen das Kind doch nicht bloß in unsre Partikularkirche aufnehmen, sondern in die Gemeinschaft der ganzen
Christenheit. Einen Unterschied zwischen unsrer Partikularkirche
und der Kirche Christi als solcher machen freilich nur wir
Evangelischen! Aber wir machen ihn mit Recht. Indem wir
das Kind taufen, ist uns daher eine Formel zur Bezeugung
unsers Glaubens, die nicht nur unsrer evangelischen Kirche
eigen ist, gerade willkommen. Nur dürfen wir darum doch
nicht vergessen, daß die Formel freilich derart sein muß, daß
wir kraft ihrer auch, und zwar deutlich, unsern evangelischen
Glauben als solchen bezeugen. Wir Evangelischen sind der
Meinung — Luther hat uns das verstehen gelehrt —, daß
in den andern Kirchen, auch in der römischen, nach evangelischer
Glaube verborgen sei. Mit den wahren Frommen in allen
Kirchen, die wir nicht umhin können, uns als innerlich evangelisch geartet vorzustellen, ob sie auch ganz andre Formen
der Lebensbethätigung haben wie wir, ja ob sie auch mit
vielerlei Irrtümern, die wir als solche erkennen, sich herum-
tragen — mit diesen wahrhaft Frommen aller Orten und Zeiten
wissen wir uns verbunden. Und wir wollen es bezeugen,
daß wir uns mit ihnen verbunden wissen! Ist das Apostolikum
eine solche Formel, daß sie uns dazu dienen kann? Ich meine:
ja! Es ist zwar irrig, daß diese Formel in allen Kirchen gelte
und in liturgischem Gebrauche stehe. Sie stammt aus Rom
und ist nur in der abendländischen Kirche allgemein in Auf-
nahme gekommen. Aber an die orientalische Kirche denken
wir doch auch gar selten. Es darf uns genügen, daß wir hier
eine Formel vor uns haben, die zwischen der römischen und
der evangelischen Kirche nach eine „Konkordie" bildet. Mit
der griechisch-russischen Kirche muß es uns genügen, das Vaterunser gemeinsam zu haben (denn auch es gehört mit zur
Tausliturgie, und auch es ist, wie jedes Gebet, zuletzt doch ein
Bekenntnis, ein Glaubenszeugnis). Aber ist denn das Apo-

stolikum wirklich ein Zeugnis für evangelischen Glauben auch unter den Katholiken, und ist es in dem Sinne ein Band der Einigkeit im Geiste, daß darüber nicht das „Evangelium" verkannt werde? Ich meine wiederum: ja! Und hier berühre ich das, was mir selbst praktisch wichtig geworden ist an meinen oben skizzirten „Resultaten" über das altrömische Symbol.

Es ist nicht zu verkennen, daß diejenigen Christen, die das Symbol aufgestellt und zuerst „bekannt" haben, sich nach einer Norm richteten. Zwar ist mit keinem direkten Worte von dieser Norm die Rede. Aber wir erkennen, daß die Erzählungen von dem Leben Christi und die Predigt des Paulus über ihn den Untergrund des Symbols bilden. Das ist für uns Evangelische zum voraus in hohem Maße vertrauenerweckend. Es entspricht gerade unsrer Weise, uns zu vergegenwärtigen, was zum Glauben „gehöre," wonach wir als Christen uns richten, daß die evangelische Geschichte und die Predigt des Apostels der Völker die Autorität ist, der sich diejenigen innerlich unterstellt haben, die das Symbol geschaffen haben. Wir könnten uns ja nun denken, daß das Symbol doch wesentlich Mißverständnisse über das, was aus den „Evangelien" und aus „Paulus" zu lernen sei, enthalte. Der Glaube, der sich im Symbol bezeugt, könnte uns dann noch ehrwürdig erscheinen um deswillen, weil er eben die Autoritäten, die auch uns die wahren sind, anerkenne. Allein wir würden dann doch nicht mehr in den Worten des Symbols unsern Glauben bekennen können. Damit wir dieses können, ist es unbedingt erforderlich, daß wir für den Kernpunkt unsers eignen Verständnisses der Evangelien und des Paulus deutliche Anknüpfungspunkte in dem Symbol haben. Trifft meine Interpretation des altrömischen Symbols im wesentlichen das richtige, so ist aber gerade auch diese Bedingung für die Benutzung des Apostolikums zum Ausdrucke unsers Glaubens, zum eignen „Bekenntnis" des Glaubens erfüllt! Die spätere Formel hat freilich Zusätze, die zum Teil eine Entstellung heißen müssen. Aber wir dürfen da von dem Gedanken Gebrauch machen, daß sie den Sinn der altrömischen Formel doch allenthalben aufrecht erhalten will.

Freilich darf uns doch nicht verdeckt werden, daß auch das altrömische Symbol, gemessen am reformatorischen Verständnis der Evangelien oder des Paulus, noch als ein unentwickeltes Zeugnis des gesunden, echten christlichen Glaubens erscheint.

Das braucht uns bei der Taufe nicht zu stören. Wir dürfen
es dort, daß ich so sage, mit zweierlei Ohren hören. Es darf
uns genügen, daß es an und für sich zum Teil „wie in einem
dunkeln Worte" den wahren Glauben bezeugt — zum Teil ist
es doch auch ein uns noch ganz unmittelbar packender Aus=
druck desselben, und darüber hinaus hat Luther es für uns
ja wie mit neuen Zungen begabt! Manche unter uns werden
zwar meinen, man müsse von den Leuten um 100 bis 120
eine höhere Vorstellung haben, als die ich an den Tag gelegt
habe. Ich kann da nur sagen, daß man sich einem Vorurteil
ergiebt, wenn man meint, sich jene alten Christen als besonders
glaubensklar oder in ihren Ideen über das Christentum be=
sonders reif denken zu müssen. Wir können nach mancherlei
Quellen uns klar machen, was diese Christen vom Christentume
sich „gedacht" haben, und können darnach nicht bestätigen, daß sie
uns überlegen gewesen wären im Verständnis. Man setze nicht
die apostolischen „Gemeinden" gleich mit den Aposteln! Wir
verstehen an Luthers Hand die Apostel vielfach wirklich besser,
als die ältesten Gemeinden. Es ist mir eine wahre Freude
gewesen, als ich das altrömische Symbol zuerst so begriff, wie
ich dargelegt habe. An ihm am meisten habe ich mich über=
zeugt, daß Luther sich nicht irrte, wenn er die alte Kirche sich
„evangelisch" vorstellte. Denn „römisch" im spätern Sinne ist
das altrömische Symbol freilich nicht. Aber die alten „evan=
gelischen" Leute in Rom waren andrerseits auch nicht so in das
Evangelium und in Paulus eingedrungen wie Luther!

Warum uns daran liegt, bei der Taufe das alte Symbol
zu benutzen, habe ich berührt. Ob es uns auch im sonntäg=
lichen Gottesdienste daran liegen müsse, gerade es als Bekenntnis
zu benutzen, will ich hier nicht untersuchen.*) Nur das möchte
ich darüber sagen: Es ist unter allen Umständen nicht wohl=
gethan, hier die erst in neuerer Zeit entstandene Ein=
leitungswendung, wonach das Apostolikum eben als Formel als
das Bekenntnis der „gesamten Christenheit" bezeichnet wird,
weiterhin festzuhalten. Man darf bestimmt sagen, daß dieses
Prädikat nicht der Sachlage entspricht. Nun bin ich freilich

---

*) Nicht alle evangelischen Kirchen, nicht einmal in Deutschland,
haben das Apostolikum in der Liturgie des Sonntags. Ich denke daran,
daß ein „Glaubenslied" vielleicht mehr dem Charakter dieser Liturgie
entsprechen würde, als das gesprochene und nur vom Geistlichen rezitierte
Apostolikum.

auch durchaus der Meinung, daß das Symbol in der Liturgie sich nicht als eine bloße „Antiquität" darstellen darf. Aber möchte es sich nicht empfehlen, es stets einzuführen mit den Worten etwa: „Lasset uns nun mit einander unsern teuern Glauben bekennen mit den Worten, mit denen unsre Väter ihn auch bekannt haben"? Das würde viele Gemüter entlasten und ihnen ersparen, einen Ausdruck zu gebrauchen, den sie sich vielleicht „zurechtlegen" müßten, wenn sie sich nicht gedrungen fühlten, ihn auf jede Gefahr hin abzulehnen! Auch noch Eines muß ich hier aussprechen. Es hat für mich etwas geradezu anstößiges an sich, wenn das Symbol als unser „allerheiligster Glaube" bezeichnet wird. Das Sanktissimum der evangelischen Kirche ist es nicht! Es ist ungesunde Erregung, wenn es so benannt wird. Wir reden nur von der „heiligen Schrift," dem „heiligen Abendmahl," dem „heiligen Geiste." Wie sollten wir ein Recht haben, das Apostolikum, eine menschliche Bekenntnisformel, die nicht von Gott, nicht von dem Herrn, nicht von den Aposteln, sondern von „Unseresgleichen" stammt, mit einem Prädikate auszuzeichnen, welches es scheinbar über alles erhebt, was uns ein Schatz ist?! Wir reden vom Vaterunser ohne jedes Prädikat, wir nennen es einfach das „Gebet des Herrn." So möchte es vielleicht das geziemendste sein, von dem Apostolikum nur als „unserem Glauben" in der Liturgie zu reden. Höchstens scheint es mir erlaubt, mit einer Wendung seiner zu gedenken, welche unsere Pietät ausspricht, also etwa, wie ich oben gethan, als unseres „teuern Glaubens."

Wir haben das Apostolikum drittens als Bekenntnis bei der Konfirmation. Hier kommt es jedenfalls nur als ein Ausdruck des Glaubens unsrer Partikularkirche in seiner Reise und Klarheit in Betracht. Voran liegt hier der Katechismusunterricht. Im Katechismus tritt das Symbol in der Gestalt auf, in der es in der alten Kirche als „Glaubensregel" bezeichnet wurde. Hier ist es ein kurzer Inbegriff der heilsnotwendigen Lehre. Hier wird es erst zum Schlusse zu einem „Bekenntnis." Alle bloß geschichtlichen Erkenntnisse über die Herkunft, über den ursprünglichen Sinn u. s. w. sind hier gleichgiltig. Die Kinder sollen durch das Apostolikum nicht in das Glaubensverständnis der Gemeinde zu Rom in den Jahren 100 bis 120 versetzt werden, sondern in das der evangelischen Gemeinde, die von den Reformatoren belehrt ist. Luther hat unübertrefflich gezeigt, wie man aus dem Apostolikum die Stücke, die selbst ein Kind verstehen kann, und die andrerseits auch der reifste Mann nicht auslernt, herleiten kann. Selbst wenn das Apostolikum von Luther lediglich idealisirt wäre — oder wir dürfen uns freuen, daß es auch „geschichtlich" so evangelisch ist, wie es ist! — müßte es im Unterricht immer wieder in Luthers Geist ausgelegt werden. Auf diesem Wege ist das Apostolikum uns Evangelischen oder Lutheranern so lieb geworden, wie es ist.

Zuletzt fragt es sich noch, wie das Apostolikum bei der Ordination eines Geistlichen zu verwenden sei. Ich meine jedenfalls so, daß dem Geistlichen keine Zustimmung zugemutet wird, die das Recht einer evangelischen Kritik ausschlösse oder verkürzte. Man darf nicht verlangen, daß er Urteile, die von rein historischem Wissen abhängen, wie Glaubensurteile aussprechen. Nehme ich einmal an, meine historischen Darlegungen über das Apostolikum träfen wirklich das richtige, so wäre es unvermeidlich, dieser Formel soweit mit „Kritik" zu begegnen, als eben doch der evangelische Glaube darin mit „Zeitmomenten" versetzt ist, die schon in der Geschichte überwunden sind. Es steht nicht so, daß die evangelische Kirche an dieser Formel als solcher unter allen Bedingungen festzuhalten gezwungen wäre. Unentwegt festhalten müssen wir, so lange wir Christen im geschichtlichen Sinne heißen wollen, an der Offenbarung, sonst an nichts. Wir wissen, daß wir die Offenbarung nur besitzen in den Zeugnissen von Christus, die wir im Neuen Testament (in seiner organischen Verbindung mit dem Alten Testament) vor uns haben. Nach dem Maße, als das Neue Testament uns zwingt, dürfen wir das Apostolikum kritisiren, ja müssen wir uns „frei" zu ihm stellen. Unser Glaube ist nicht unterthan dem Glauben andrer Menschen, sondern eben nur der Offenbarung und der heiligen Schrift. Habe ich mit meiner obigen Interpretation des altrömischen Symbols es nicht versehen, so ist der Glaube derer, die es geschaffen haben, in eigentümlicher Weise versetzt gewesen mit Ideen, die kein dauerndes Recht hatten. Wir besitzen reichlicheres Material zum Verständnisse Christi, als das jener alten römischen Gemeinde erst zu Gebote stand. Wir haben nicht nur das Lukasevangelium, sondern auch die beiden andern synoptischen Evangelien vor uns, vor allem besitzen wir das Johannesevangelium; dazu wohl sicher auch ein reicheres apostolisches Briefmaterial. Das darf bei der Beurteilung der „Thatsachen," die es berührt, nicht ohne weiteres über= gangen werden. Die besondre Art der Hoffnung jener Zeit, der Glaube daran, daß der Herr unmittelbar sich rüste, um wiederzukommen, ist längst geschwunden: wir wissen, daß die Gemeinde des Herrn durch eine lange Weltzeit hindurch= gegangen ist, und zweifeln nicht daran, daß das Ende noch nicht vor der Thür stehe. Wir haben eine unendlich reiche Geschichte der theologischen Gedankenbildung durchgemacht. Speziell die Predigt des Paulus von dem, was Jesus Christus bedeute, wiefern und worin er unser Herr und Heiland sei, ist uns klarer als denen, die das Symbol geschaffen haben.

Es wäre wider das Gebot der „Nüchternheit" in allen geistlichen Dingen, wenn wir solches übersehen und darauf nicht mit Rücksicht nehmen wollten bei unsrer Beurteilung des Wertes des Symbols. Die naive Auffassung des Symbols, die vorab Luther bethätigt hat, und die überall darin den vollen, reifen Glauben zu erkennen meint, hat gewiß ihr Recht, aber die wissenschaftlich=historische Auffassung, die nicht umhin kann, Unterschiede zu machen, auch. Die erstere wird immer mehr die der Laien, die letztere die der Theologen sein. Die Laien, meine ich, dürfen die Theologen nicht meistern wollen, und umgekehrt die Theologen die Laien nicht. Da, wo das Symbol nur für Theologen gebraucht wird, muß zur Anerkennung kommen, was ein Theolog erkennen kann, daß das Symbol in seinem Wortlaute Merkmale einer bestimmten Zeit an sich trägt. Wenn ich sage, es „müsse dies zur Anerkennung kommen," so heißt das nicht, daß meine obigen geschichtlichen Ausführungen gelten „müßten." Andre Theologen werden gewiß anders denken, als ich. Aber die Hauptsache ist, daß es überhaupt nicht gestattet ist, bestimmte geschichtliche Vorstellungen über die Herkunft, den „Sinn" u. s. w. des Symbols vorzu= schreiben. In diesem Sinne muß allerdings der wissen= schaftlichen Forschung alle Freiheit gewahrt werden. Und daher muß auch in der Form, wie ein Theolog etwa auf das Symbol verpflichtet wird bei seiner Ordination, das Recht einer gewissenhaften historischen Forschung über dasselbe ausgesprochen aber vorbehalten sein. Das Ordinationsgelübde sollte meines Erachtens überhaupt möglichst freiheitlich und kurz sein. „Nie= mand kann Jesum einen Herrn heißen ohne durch den heiligen Geist" (1. Kor. 12, 3)! — wer als Geistlicher in den besondern

Dienst Christi des Herrn an seiner Gemeinde treten will, dürfte von der Gemeinde immer mit dem guten Zutrauen aufgenommen werden, daß der Geist Gottes an seinem Herzen ein Werk habe und durch ihn der Gemeinde auch einen Segen vermitteln werde. Wer ein Mietling sein will, kann und wird es sein, trotz der ängstlichsten Verwahrung der Gemeinde bei seiner Ordination, und wer es treu meint, wird wachsen an seinem Amte und immer mehr thun, als wozu er „verpflichtet" wird: von ihm können Ströme des Lebens ausgehen, auch wenn er sehr „heterodox" dächte. Das Wort des Herrn, daß für ihn sei, wer nicht wider ihn sei, ist wahrlich ein Wort, das Wahrheit hat, zumal in der Gegenwart.

Druck von Carl Marquart in Leipzig

1926 K 47